JN038922

桃井的ことば

桃井かおり

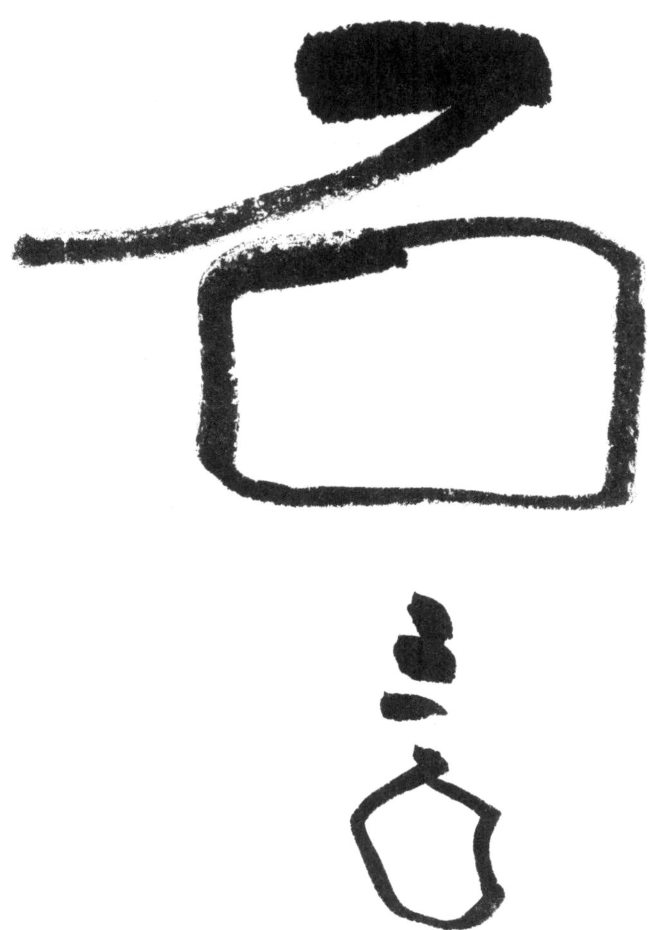

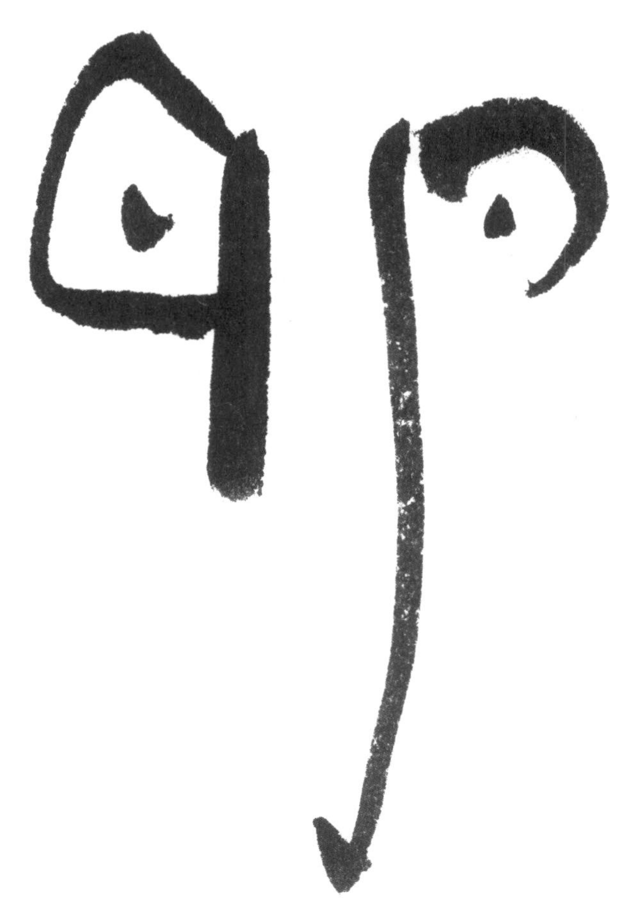

過ぎたら同い年

出来たさかあがり

七十
から

雪らないては

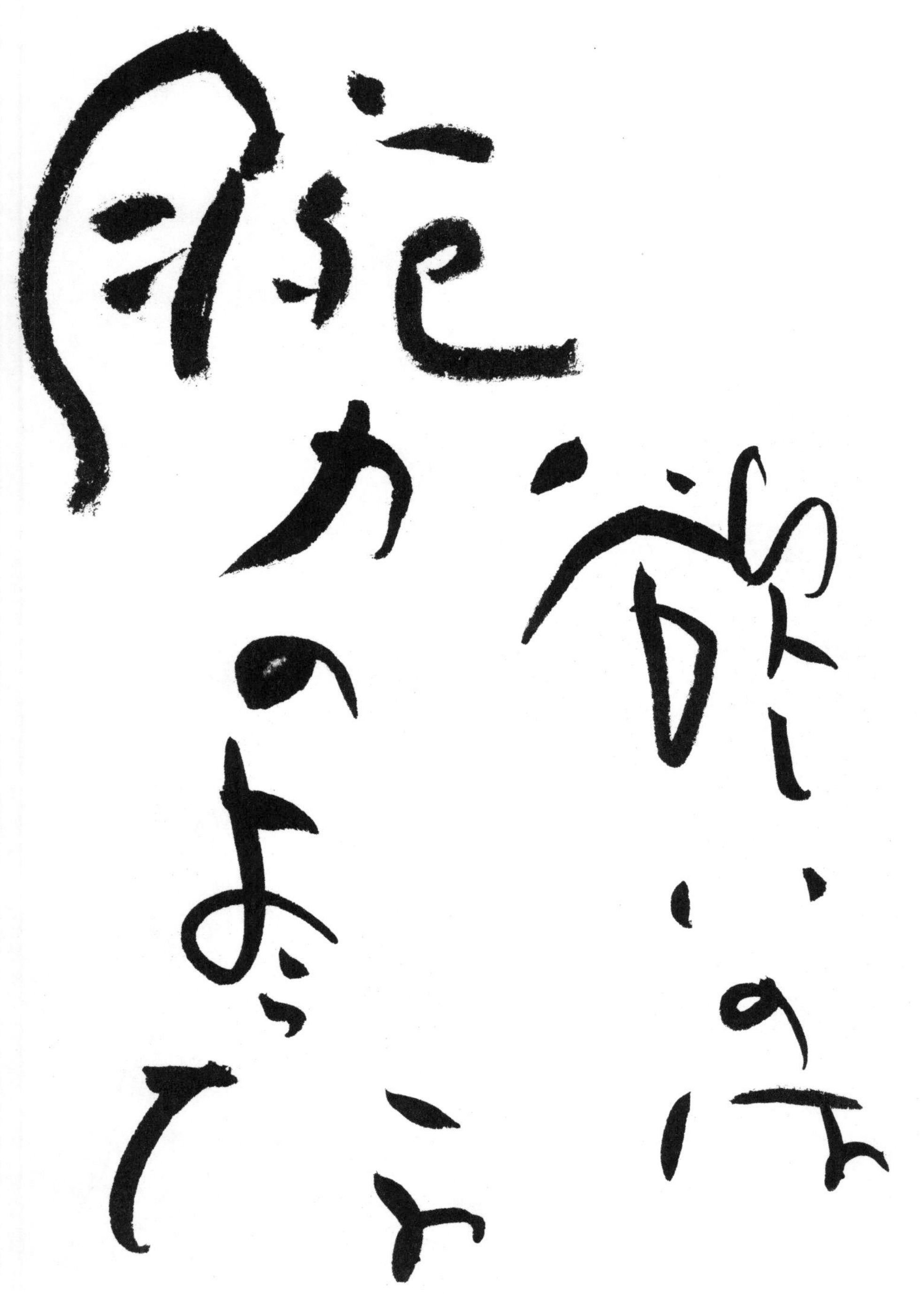
欲しいのは
能力のよう

あいへびほど祈ゆ

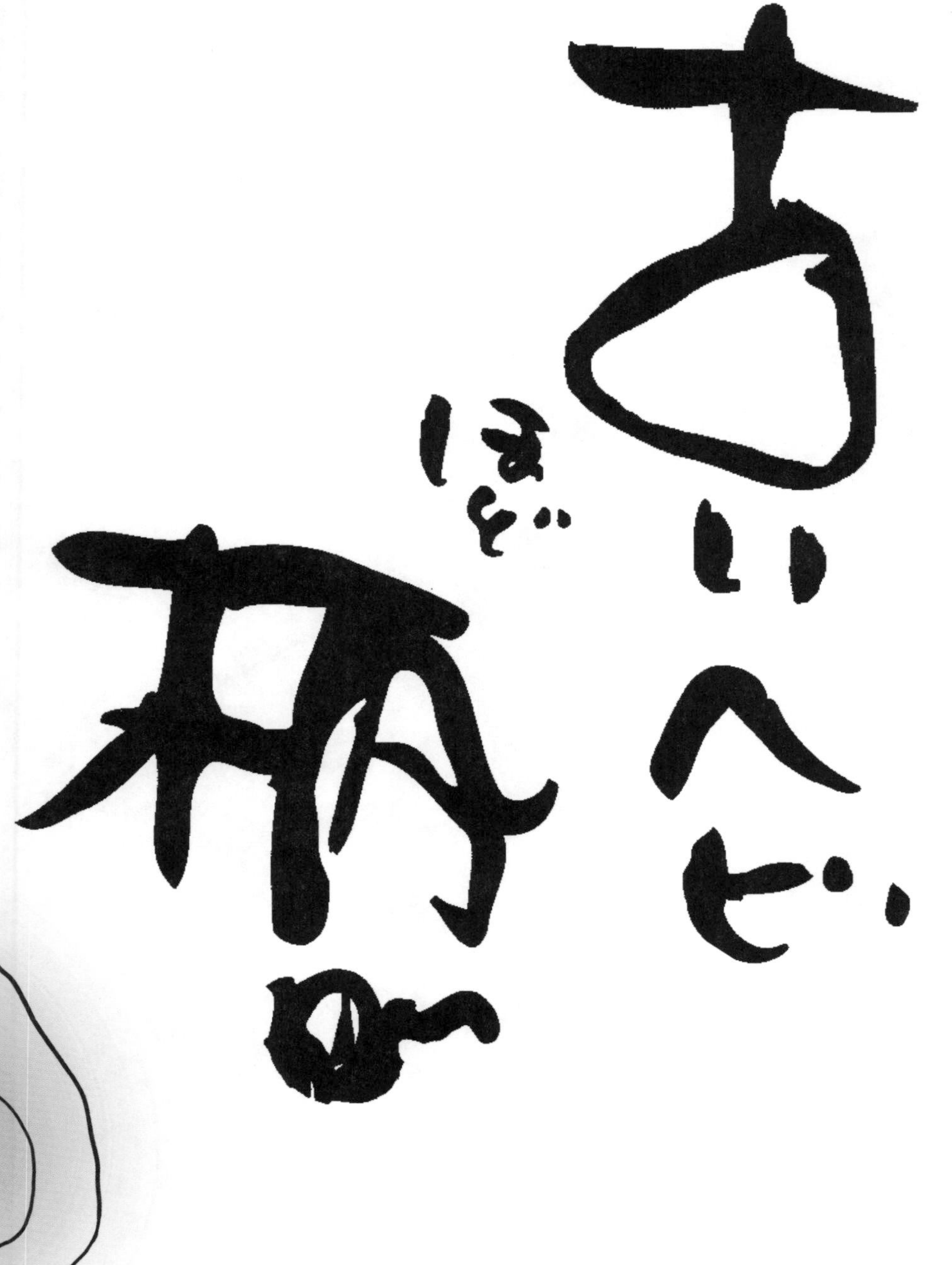

ヘビだってワニだって、
歳を経たほうがモノがいい。
ワニなんか老けたワニのほうが
高いバッグになるわけで

滝毛

すこて

スープ

とる

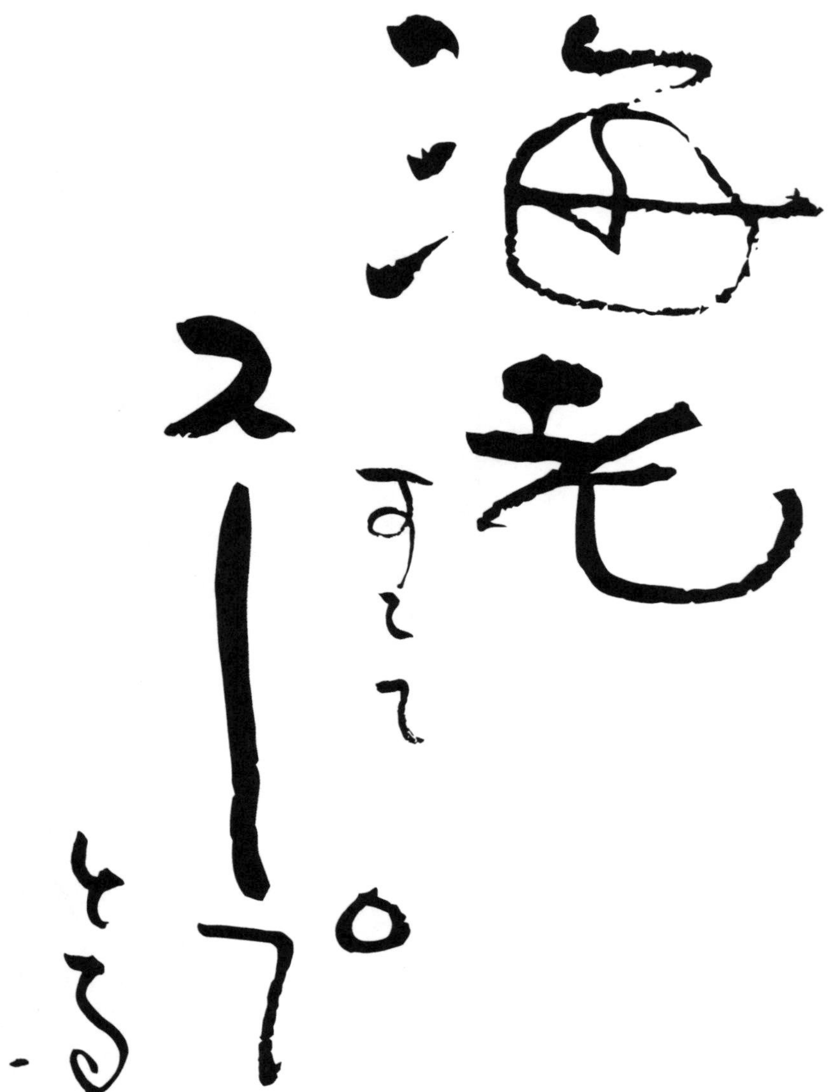

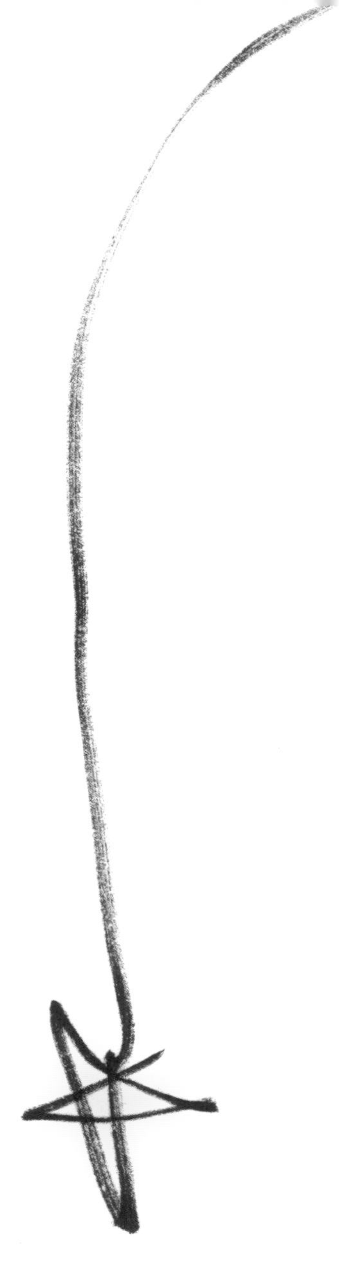

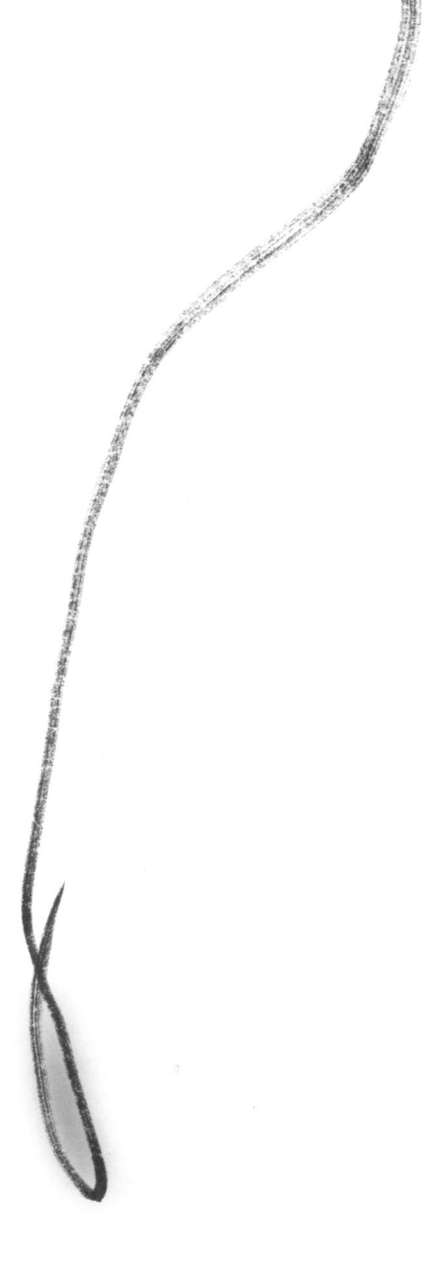

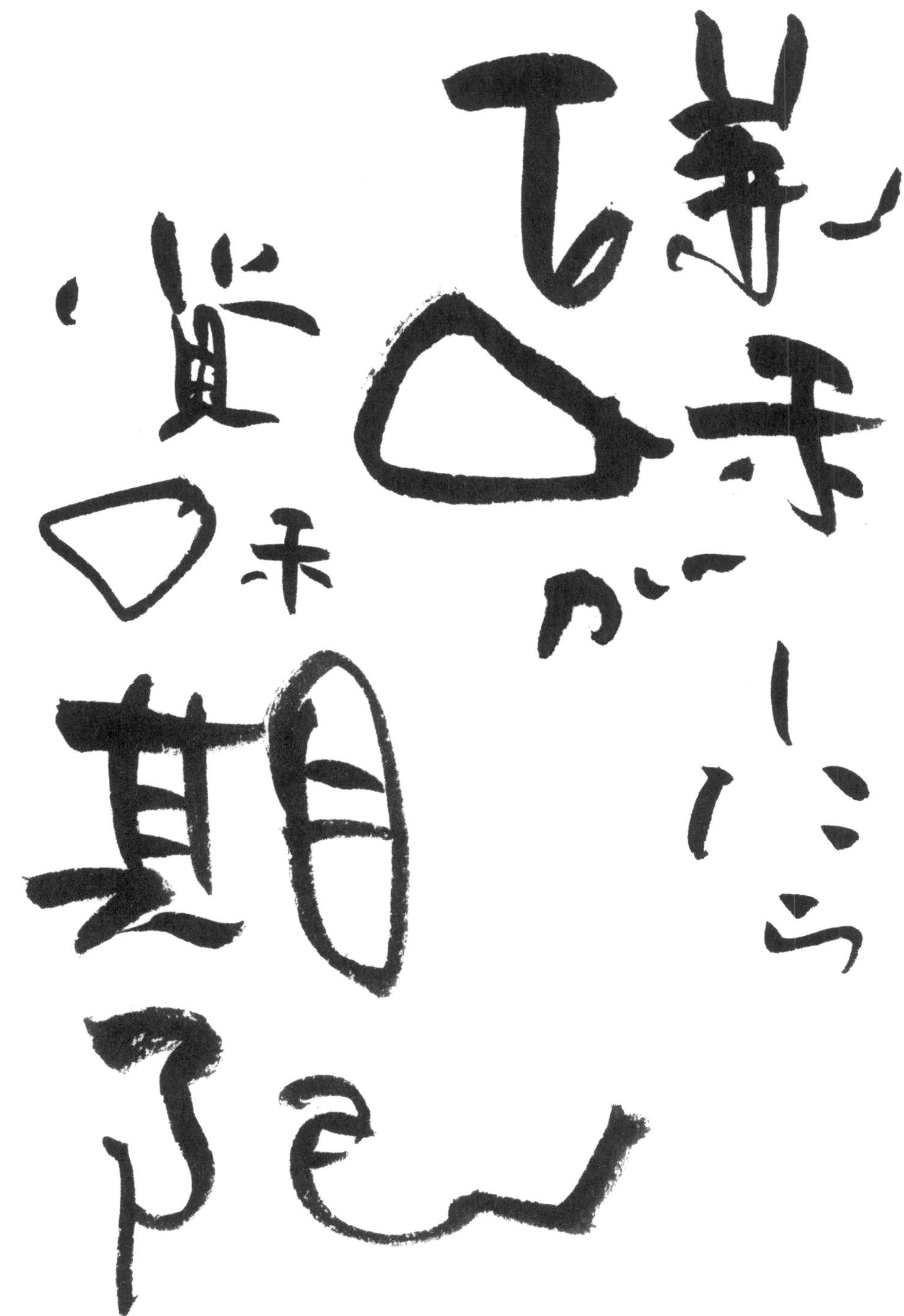

嚙んだら甘いか、
嚙んだら痛いぞ！

女はね
身体の中につき合った男の数だけ
小石ごろごろさせて、
生きていくのさ

恋の数だけ

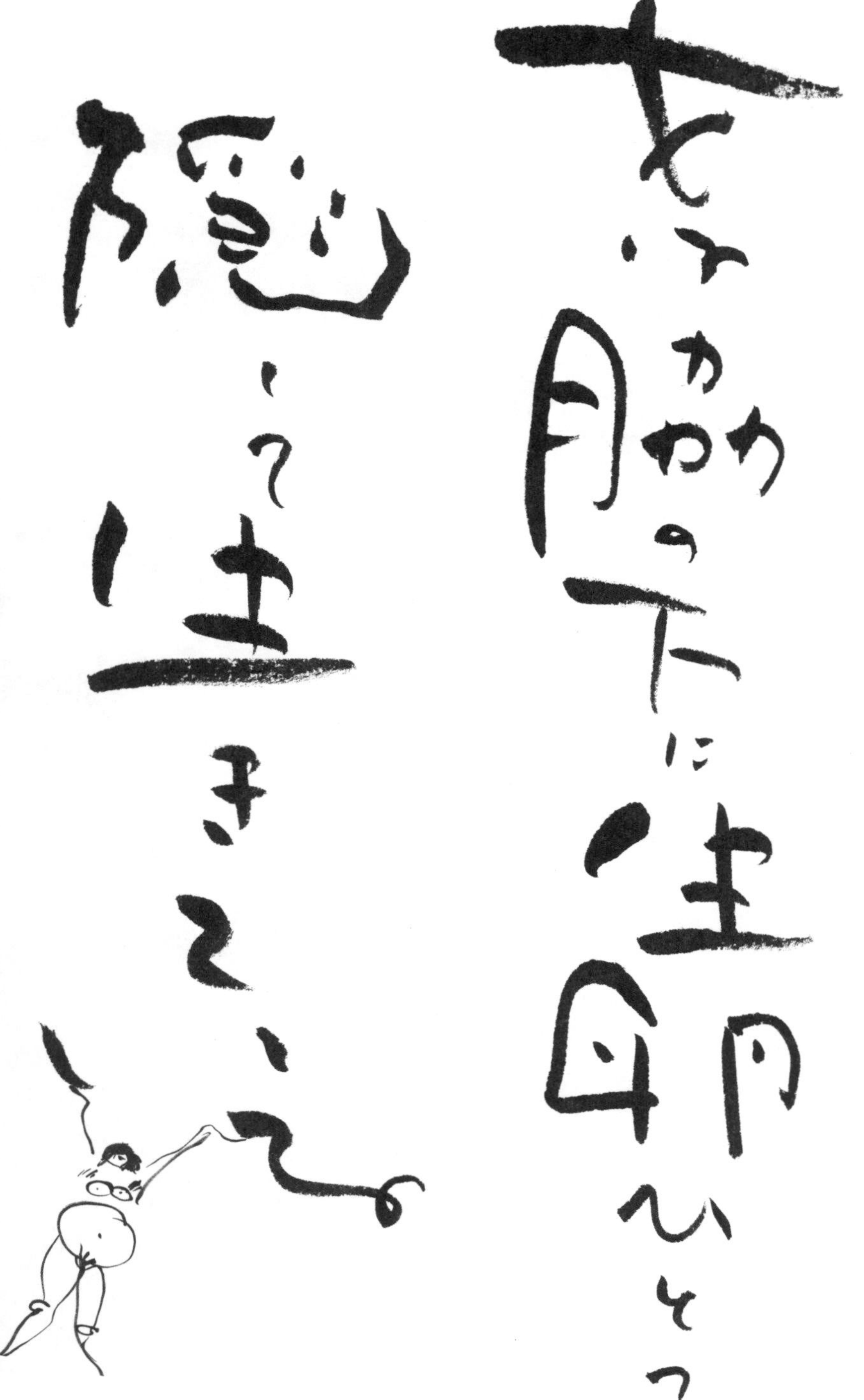
女の脇の下に生卵ひとつ
隠して生きていこう

真夏の庭先で、
ノースリィーブの母が、
洗濯物いっぱいの物干し竿
空に向かって
「エイ！」って持ち上げてるのって、
何か
「私、もう何も隠してません」って
宣言してるみたいで、
あれ、子供の頃好きだったな〜

二十歳の私に母は「家さえ建てておけば老後が安心！」と呟いた。
二十五年経ったら、家の評価額が無くなってしまうことなど、
設計士は教えてはくれなかった。
二十五年が過ぎると家は壊れ始め、
リノベーションの日々が始まり、
それは家を建てるのと同じ位の予算が必要になるだろうことなど
銀行は一言も言わなかった。
八十を過ぎたら階段のある家にはもう住めないだろう
ということに気づき始めた我ら。

百歳を目の前にして死んだ母は生涯私の家で暮らし、
ボケることもなく死んでいった。
あの人は一番賢かったと思う。

「今まで貯めた時間を、これからはただ使う時間に。
荷物を全部抱えていたら歩けなくなるもの
全部取り上げてくれてチャラ？」

こんなこと言える旦那は生き物として一番偉い。

愛しているのだと
確かに思えるのは、
たくわん7切れ、

4 切れを、当たり前に君にあげられる私を見たとき。

あのセイコーさんだか、シチズンさんだかに腕時計のデザインを
頼まれたことがある。
〈石時〉(いしどき)と名付けた私の時計は、
石ころ3個がワンセットの時計だ。
それぞれデジタルの数字が、時間は緑で4拍子、分は赤で8拍子、
秒が青の16拍子で、其々が、常に違ったリズムで、色で、
チカチカしてるという物だった。
そもそも私の腕時計への不満は

❶外した時の、あのパンツ脱ぎ捨て感でそこいらに置かれている無様さだ。
外してもオブジェとしてベッド脇でチカチカして燥いでいて欲しい。
ツボの中にいてもいいね。

❷それに今時、人前で腕時計を見るのは失礼でしょ？
カバンの中に放り込んでおけば、暗闇でも色とリズムで時間がわかるよ。
ポッケに入れとくもよし！
アクセサリーとして胸あたりで籠に入ってゴロゴロさせてもそりゃいいね。

❸大体、時計売上の難点は同じ時計を2つは買わないという点だ。
この〈石時〉ならマイネオンみたいに幾つだって欲しくなる。
犬小屋にだって欲しくなる。でしょ？

3つの難問題をクリアーした時計の概念を変える発明は
「お願いしたいのは普通の腕時計の、、色とか、柄とか、そんなことだったんで、、」
なる誰かさんのお断りの一言で、普通じゃない〈石時〉は産まれなかった。

〈色時〉（いろどき）

時間を数字では無く、色で表現しようという、
コレまた画期的な！奴なのです。
たとえば12時を赤として、赤から1時は桃色、2時はオレンジ色と、
グラデーションで彩って、
1時30分を桃色時空色分（ももいろどきそらいろふん）とか、
オレンジ色時桃色分（おれんじいろどきももいろふん）とか読ませようという、
実に文学的色彩に溢れたアイデアだったが、、
「色の数字における概念は、、個人差もございましょうし……」
と申し訳なさそうに呟かれ、色時の顔をみるには至らなかった。

〈痛時〉（いたじ）

肘から腕にかけて、物差しの様に長ぃ時計！はどう？
予定時間をセットすると！チクッと内蔵された針が刺す！
もうあの方からの反応もございませんでしたが……
携帯のブルッタくん機能など今考えれば、あのまま煮詰めれば、
少々の発明だったと言わざるをえません。

あの石ころたちは、いったい何処に行ったんだ。

筆でっく
落ちにく
茶っにく

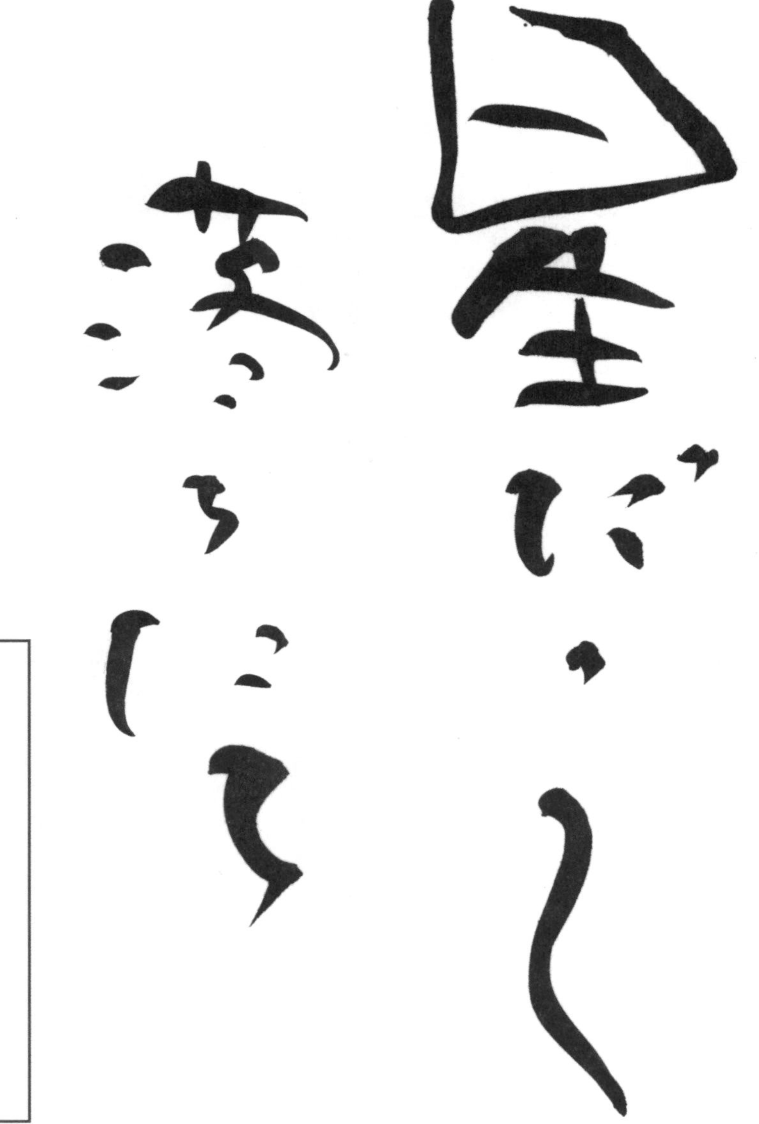

ただのこころ

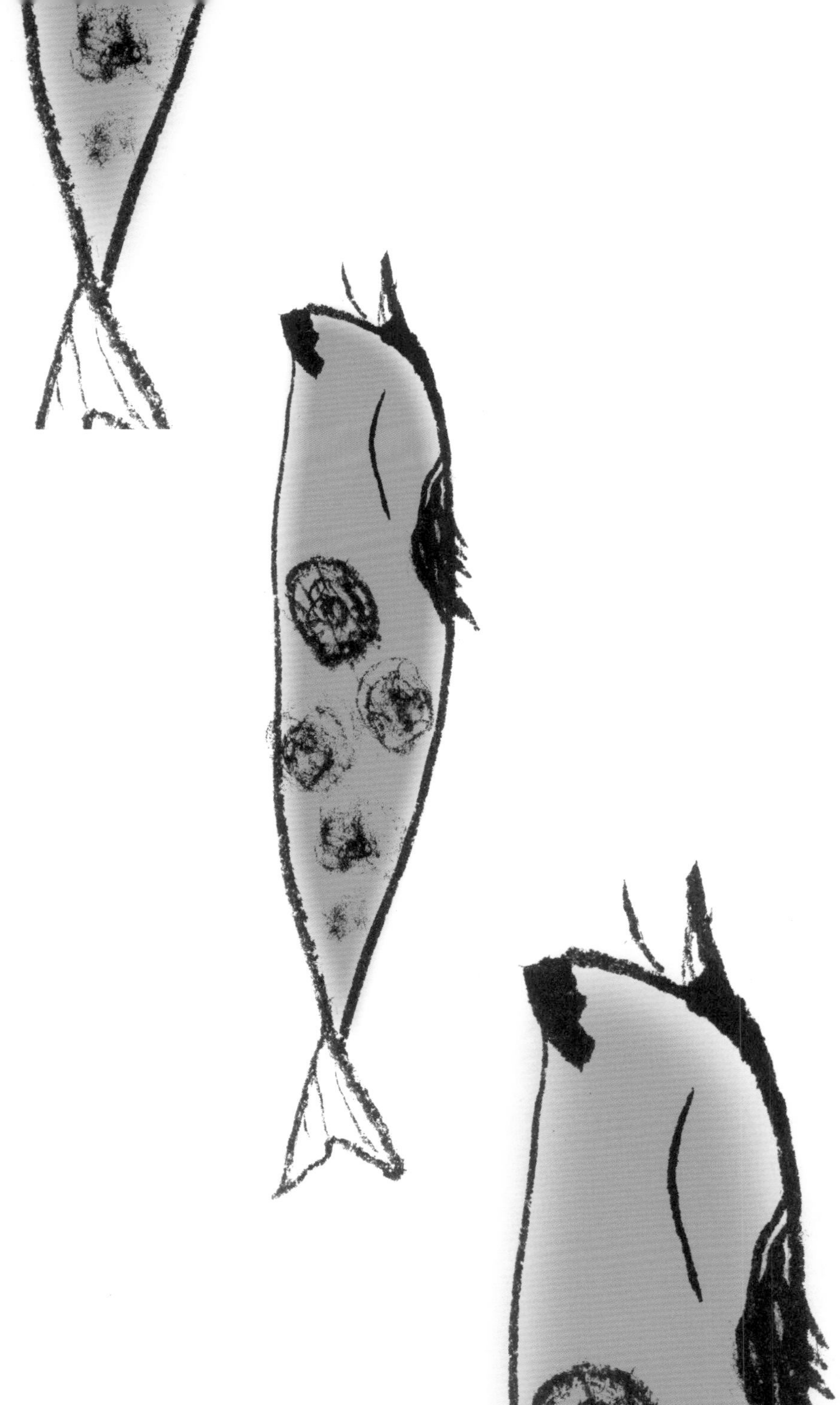

HYAKUNEN MOMO

寿

百年桃

籍入れて、
体位が変わる
わけじゃないし

「考えたら結婚って、
無宗教なのに神に誓って、
日本国に登録してって
妙な話だよ?
なんか……血判とかしたほうが良くない?」

ダイヤボンド・・・

旦那が最初にくれた婚約指輪は、
その時待ち合わせたイタリアンレストランの、
２人で摘んでいたイカリングの指輪だった。
冗談でもなく、定番の「結婚してください」の言葉の後に
「うん」と頷き
夢に見た左手を差し出した私の薬指に、
真顔で、それも真っ赤な真顔で、
目の前のイカリングを一つ取ると、あの子は突き刺したんだった。
「だって、もう婚約指輪決まってるでしょ、今はまだお袋の所だから」
日本に戻った時、そのお袋から渡されたダイヤに囲まれた真珠の指輪は
私にも懐かしいものだった。

「9歳の時、この子がかおりちゃんと結婚するって言ったんで、
じゃ～かおりちゃんが一番好きだって言ったこの指輪、
結婚する時あげなさいって約束したのよ」

幼友達だったあの子は9歳のKaoriちゃんの初恋の人でもあったのだ。
「でも、それから暫くあの子ったらこの指輪弄ってばかりいて、
ポロンと真珠が取れたら、あの子がボンドでくっつけちゃったんで、
ダイヤが曇っちゃってるけど……
あの子たらこれが良いって言い張るモンだから……どーぞ」

長い月日と曇りを増して、
ダイヤボンドの指輪がかおりちゃんの指にとうとうはめられた日、
私はあの子と結婚した。

結婚って2人の〈お金〉と〈時間〉を
混ぜる事だからね。

あいつのコーヒー飲みたい時と、
私がコーヒー飲みたい時と、
コーヒー2回飲むって事だからね

欲望
食欲の操「」

妻「この間あなたに似たものデパートで見ましたよ」

夫「なんだいそりゃ＞＞、」

妻「トイレ蓋、、まだ誰もするって言ってないのに開くんですよ」

あの子噺　其の一

この間、北海道の温泉行った時。
やっと辿り着いた宿屋の若い女将さんが
「おばんです～」って迎えてくれて、
そしたら旦那、
少し考えてから真顔で
「おじんです！」って挨拶した。

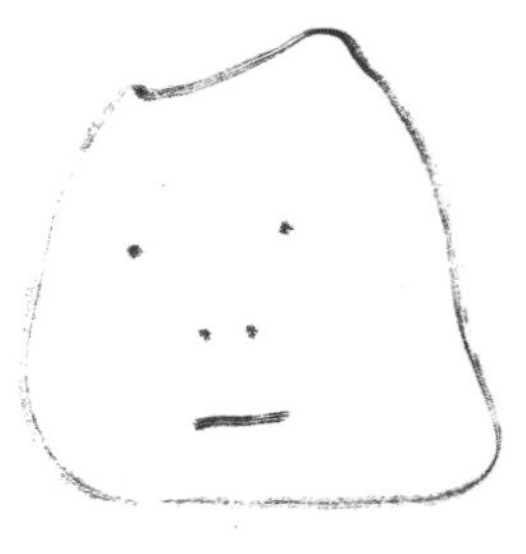

あの子噺　其の二

旦那は人の悪口言わないの。
仕事の愚痴も言わないの。
初めはそんな人いるんだ～と側にいると私まで浄化される様な、、
いや、いや、自分の汚れが際立つと言うか、
だからなんか真夜中に不安になって、隣見たら、
旦那がお代官様に手籠にされた村娘みたいに私に背中向けて寝てるの。
なんか後ろから羽交い締めにして、思いっきりのけ反ってやったら、
眠いのか反応なくて、しょうが無いからのけ反ったまま
「海老！」って言ったの、
そしたら私乗っけたまま丸まって
「トロ」って。

あれ？なんか暮らしていけそうかな？の瞬間。

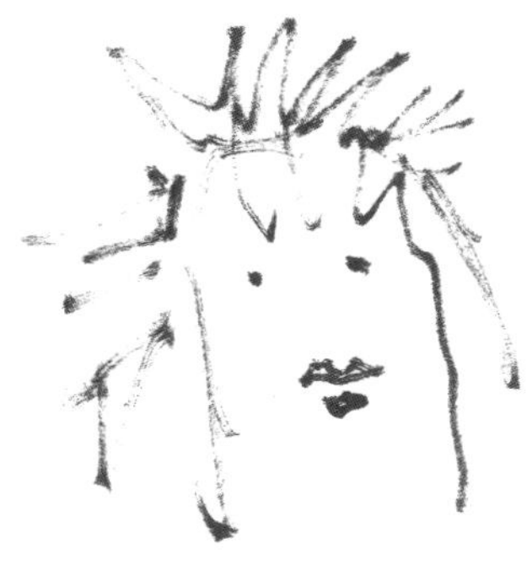

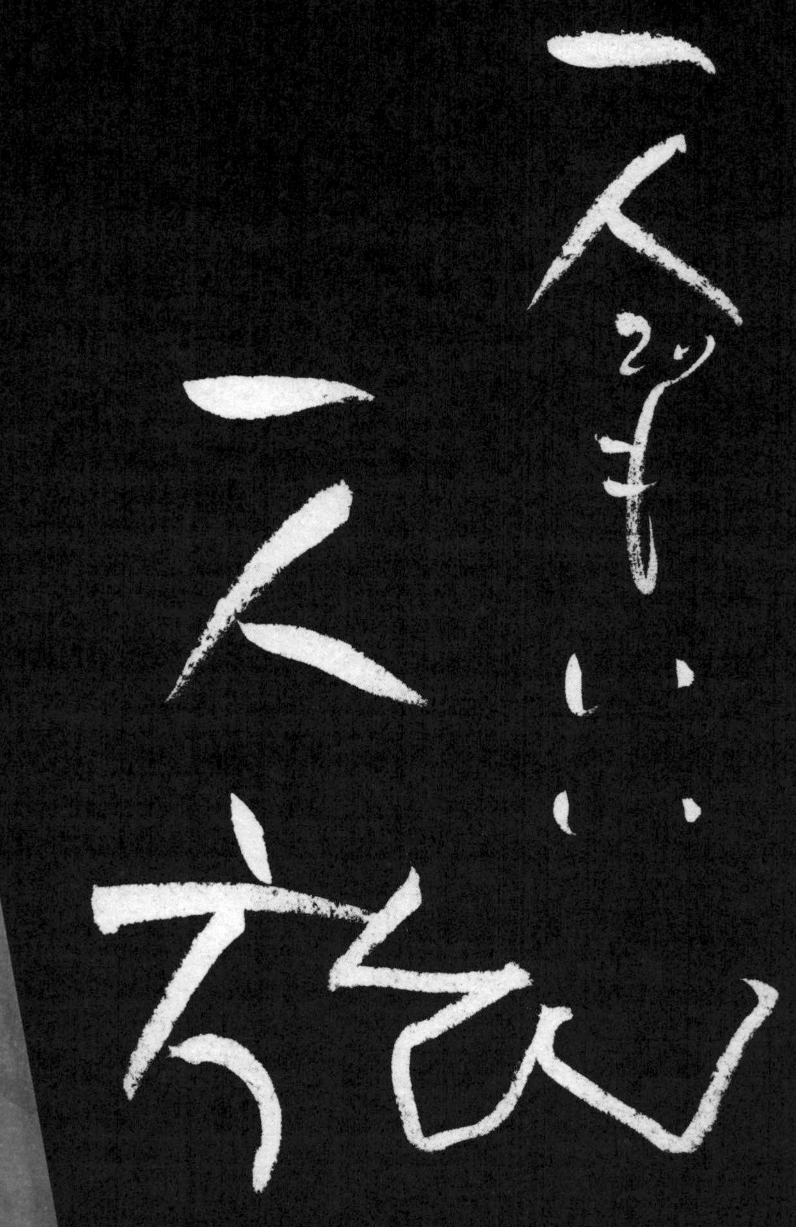

あの子作

激流

仕事こそが正義だった。
ずーと激流を全速力で泳ぎ続けてた。
皆んなそうだ、肘に何かが当たっても気にもせず
ただひたすら前に進んだ。
そういうものだと思っていた。
なのにある日、私はちょっとだけ服を乾かすつもりで
陸に上がってしまった、
土手の草むらに蒸れて眠くなり、気がつくと
川の向こうにはフィクションでは無い世界があった。
わたしはショッキングピンクの夕焼けの中にいた。
死んだのかと思った、
いや、ただ素面になっただけだった。

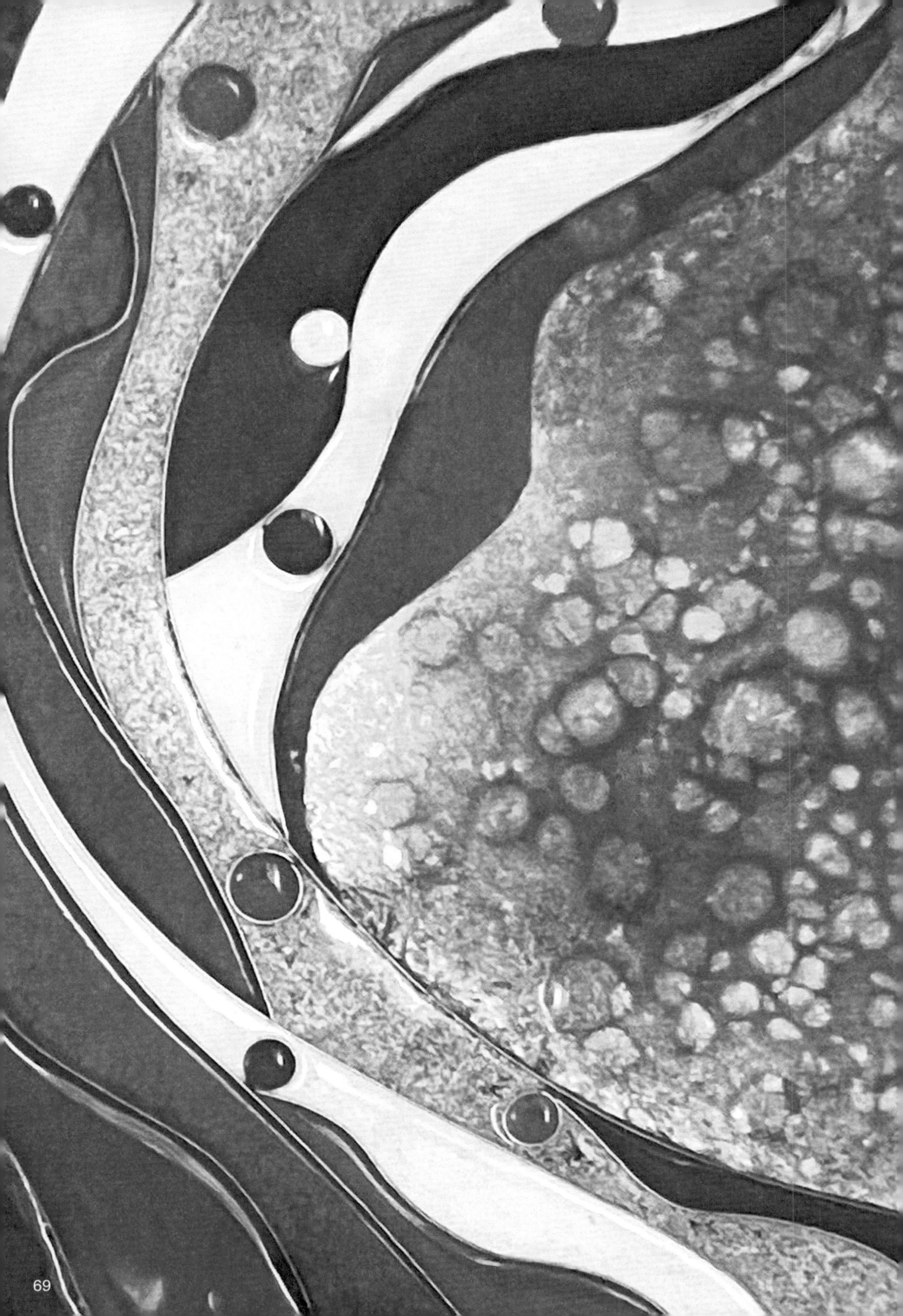

嬉しいことは
頭で覚え、
嫌なことは
体が覚える。

どして男のほうがいいの？と満くんに聞いたら
「だって男と女って、痛い所と気持ちいい所が違うんだよ。
同性のほうがいいに決まってるじゃん」
って、転がした石ころから飛び魚。

「なるほど
そういや〜仕事の責任とって死ぬ、なんて女はナカナカ居ない
反対に愛だ恋だで当て付けに死んでやる〜って男もいないない（笑）」
「いや、最近はいるよ」
軽石から重石。

溺愛か
憎悪されるか
以外の関係は
いらないかな。

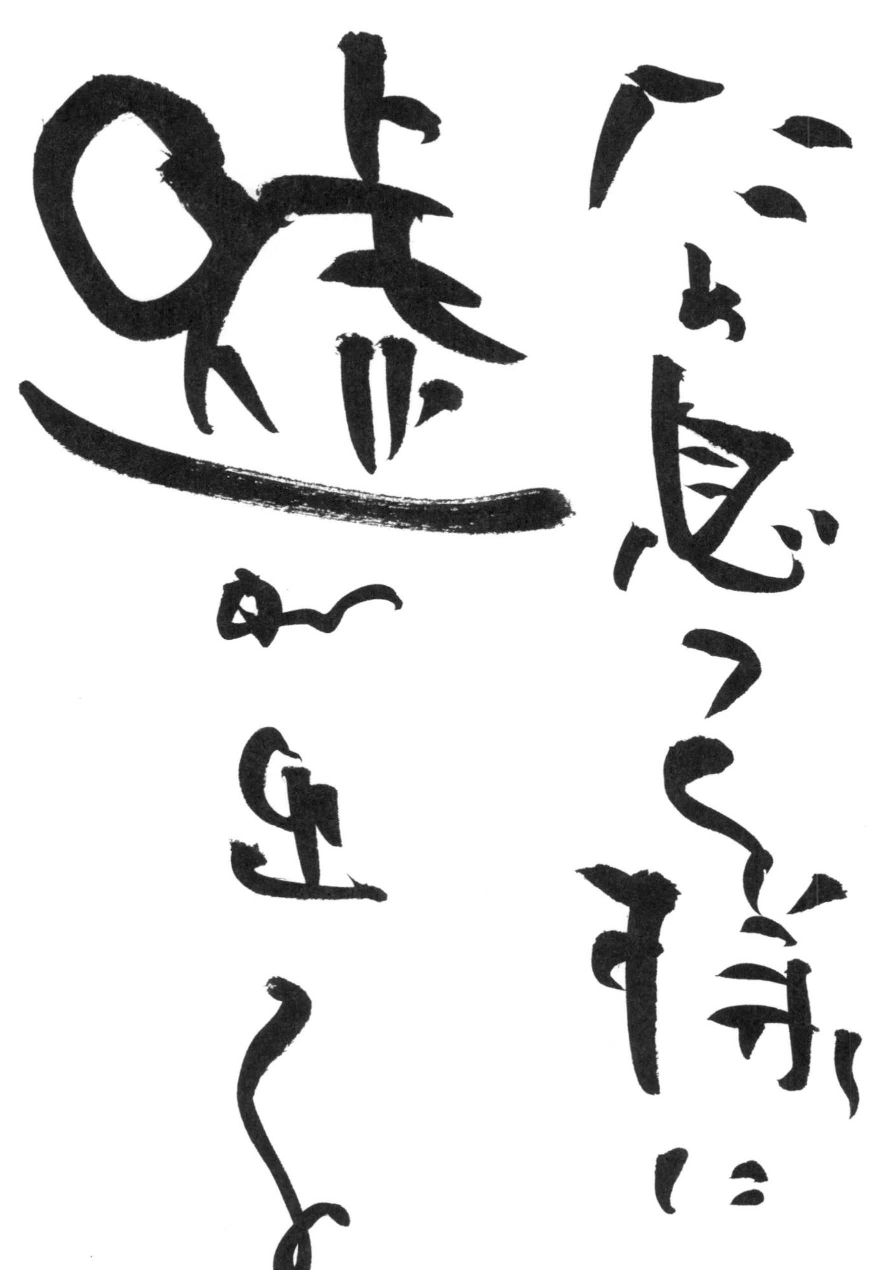

恋も怪

昔「役者のくせに、空飛べないのか？」
と言った演出家が居た。
そりゃそうだ、役者は空くらい飛べなければ
役者である甲斐が無いだろう。

この言葉は今も女優である私の背中を支えている。

今、密かに夜中過ぎから
まだ誰も起きていない朝にかけてだけだが、
たぶん15㎝くらい、5秒余りだが、
浮いていることができる様に成っている

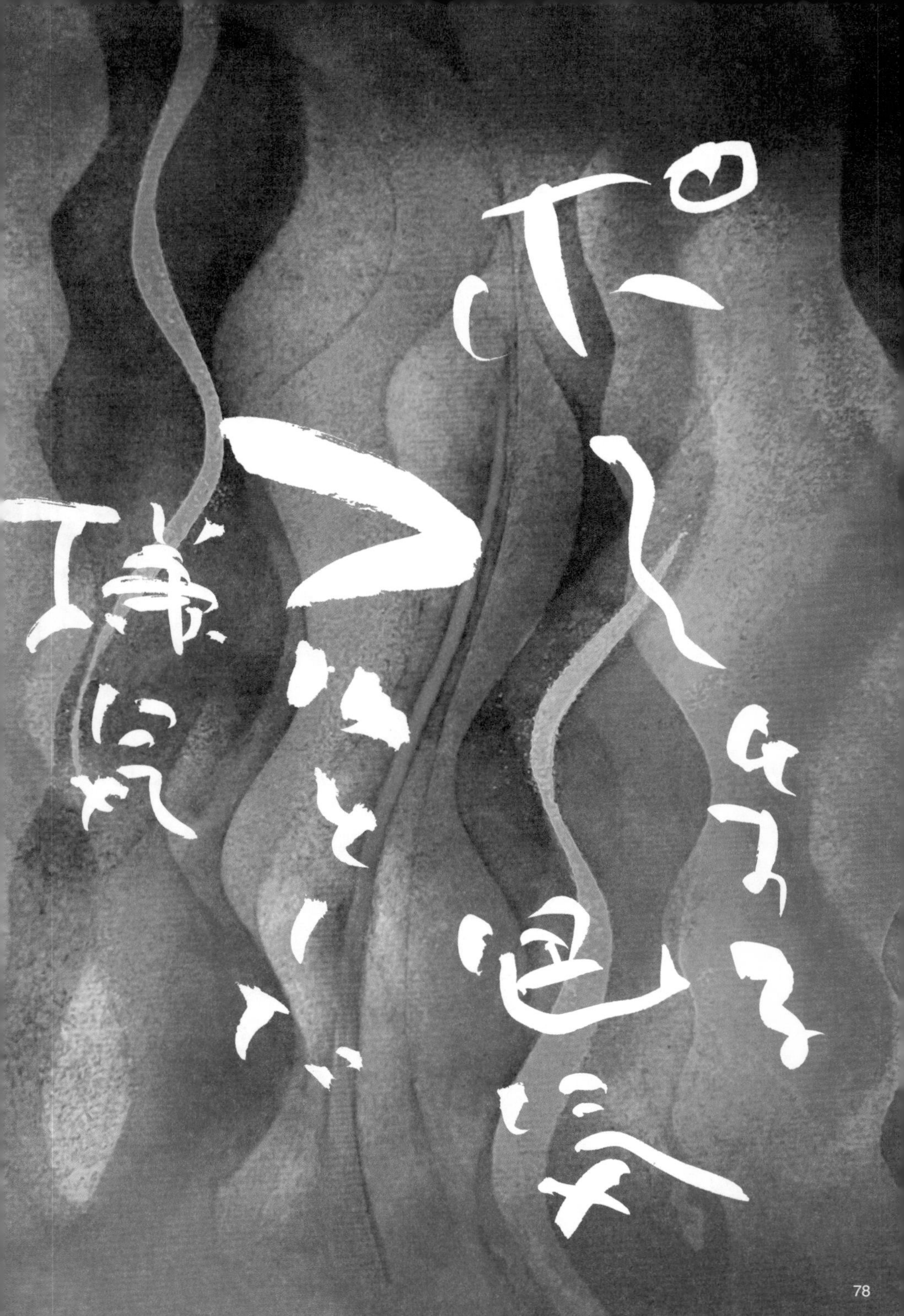
ぽつん

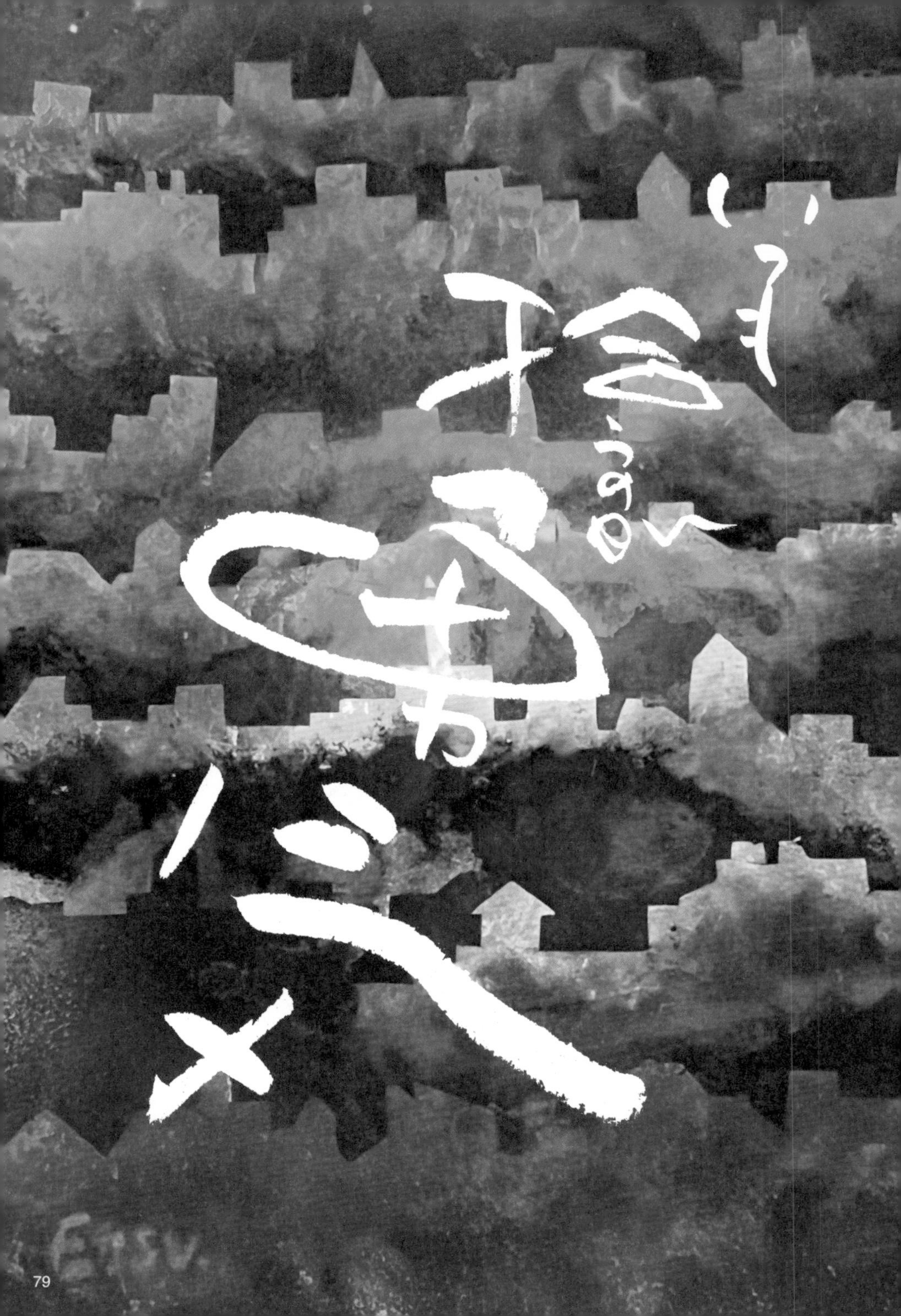

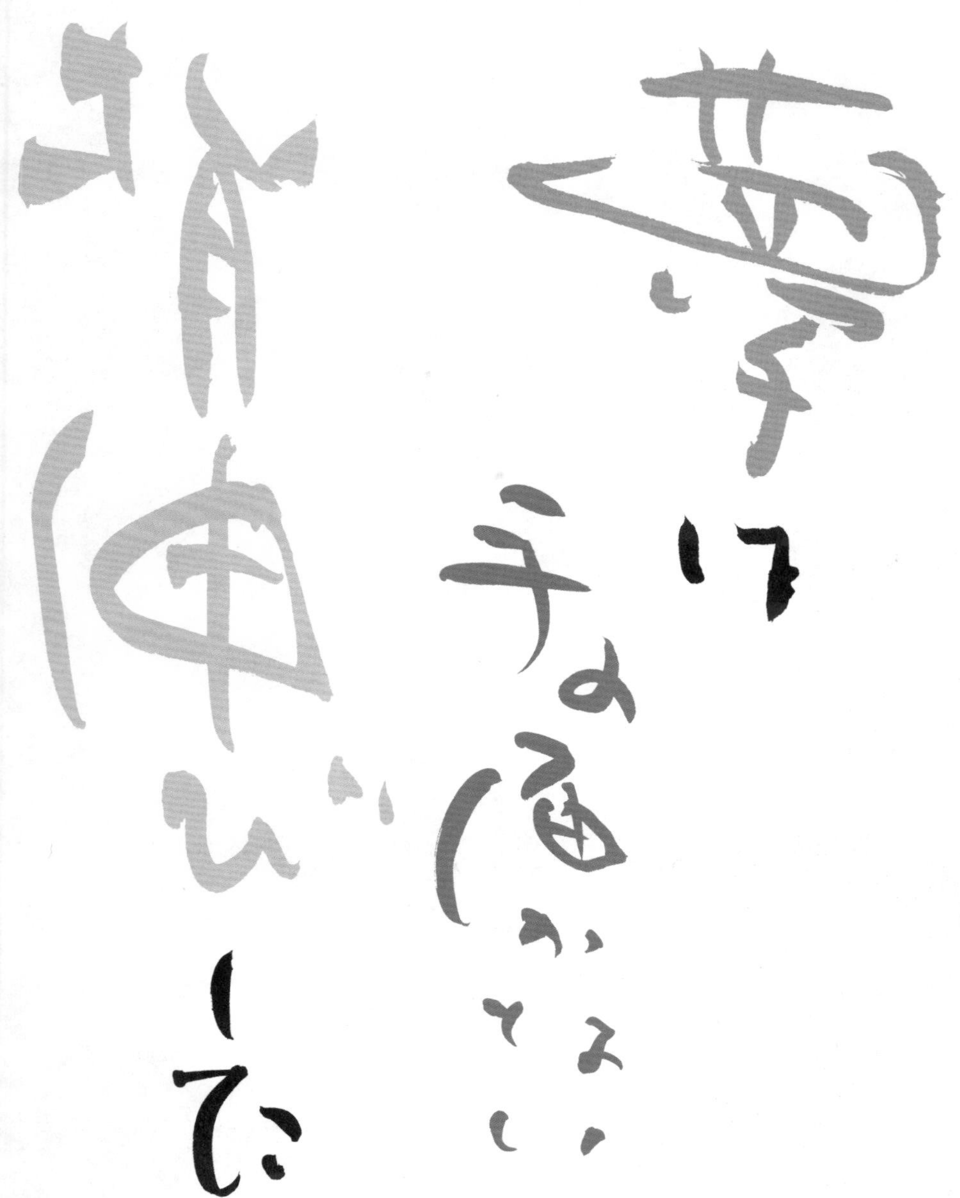
夢は手の届かない
背伸びして

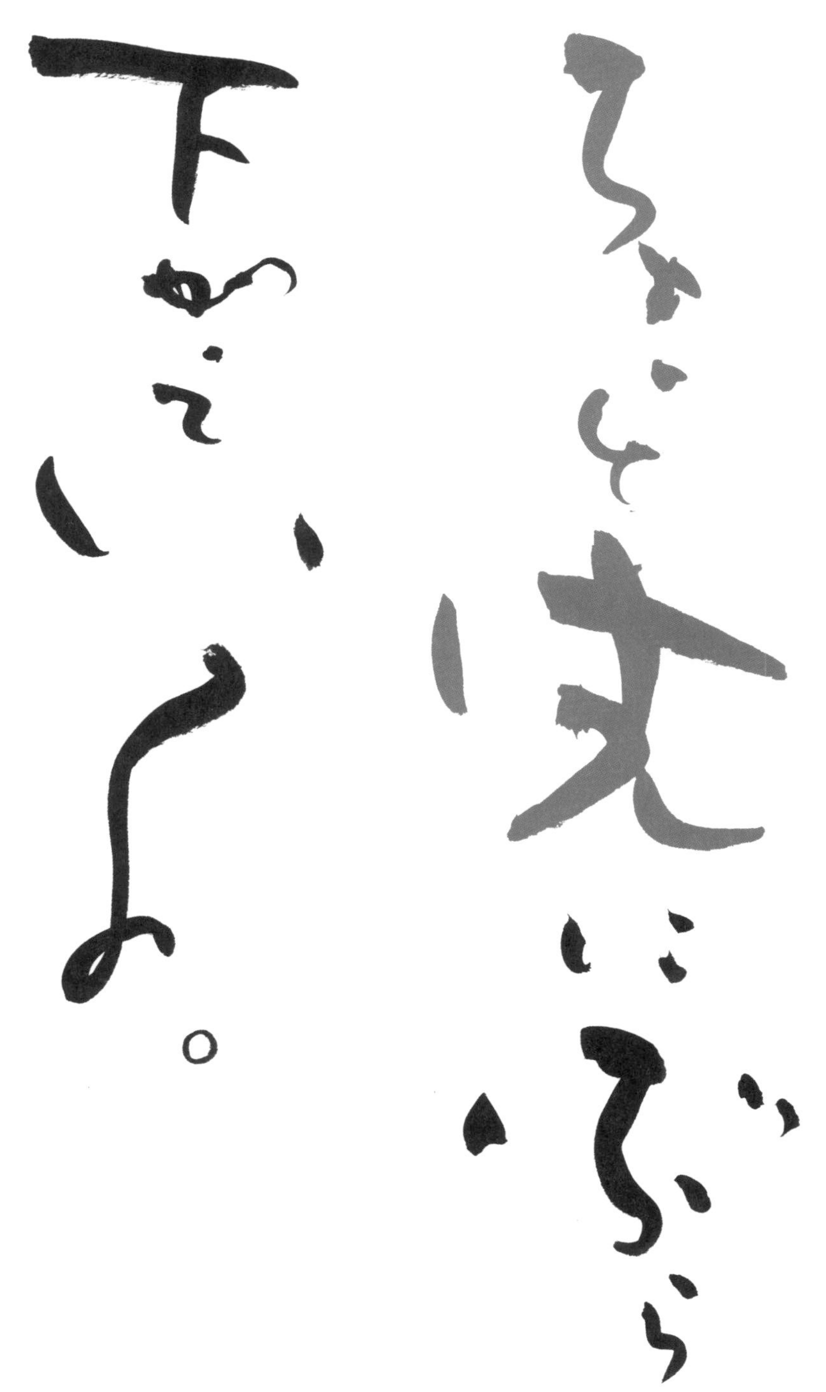

言卵（ことだま） 其の一

人間だとか女だとかは
辞められないけど、
女優だなんてのは
唯の職業だから。

そうなんだよね。
仕事って
辞めてもいいんだよね
って気が付いた日から、
女優が趣味になったワレ。

失敗する権利と
冒険する権利は
等分にある。

言卵（ことだま）　其の二

「台詞は、覚えた時が、腐る時」

言卵（ことだま）　其の三

「女優ってさぁ、定年が無い訳。
歳取ったらお婆さん役があるし、
性別なんてあれ自己申告だから、男だって言い張りゃ
お爺さんだって演れるかも、
死んだら死体の役がある」

染みも皺も人の柄

長生きしてこそ見える侘び寂びの色、型。

長生きは小洒落た事だ！
と、
婆婆が言う。

立ち上がれないほど疲れてても
（どうしても十割蕎麦が食べたい！）
という強い欲望があれば
蕎麦屋の長い列に並び、

やっとこさ相席で座れて、
こうして美味い蕎麦を食べてる頃には、
もう私にそれくらいの体力が
付いたということだ。

諦めた事や
自分に呆れる事は
カズカズあるが、
自分に飽きた事はない言卯。

過去の汚点と
カズカズの
不始末を笑い話にして
生きる言卵。

「七転び八起き
なんで？
七転び七起きで十分でしょ」

「見猿、言わ猿、聞か猿なのに

なぜ？ 嗅が猿がいない」

美意識の敵は多数決

左側通行！
でもアメリカは右側通行だ。
火曜日生ゴミ収集日！！
でも２丁目は水曜日だ。

ルールとは
正義でも美意識でもない。

ただ人がうまくすれ違う為の
ただのお行儀だ。よ。

種まいて
水飲んで
汗かいて
また汗かく自分

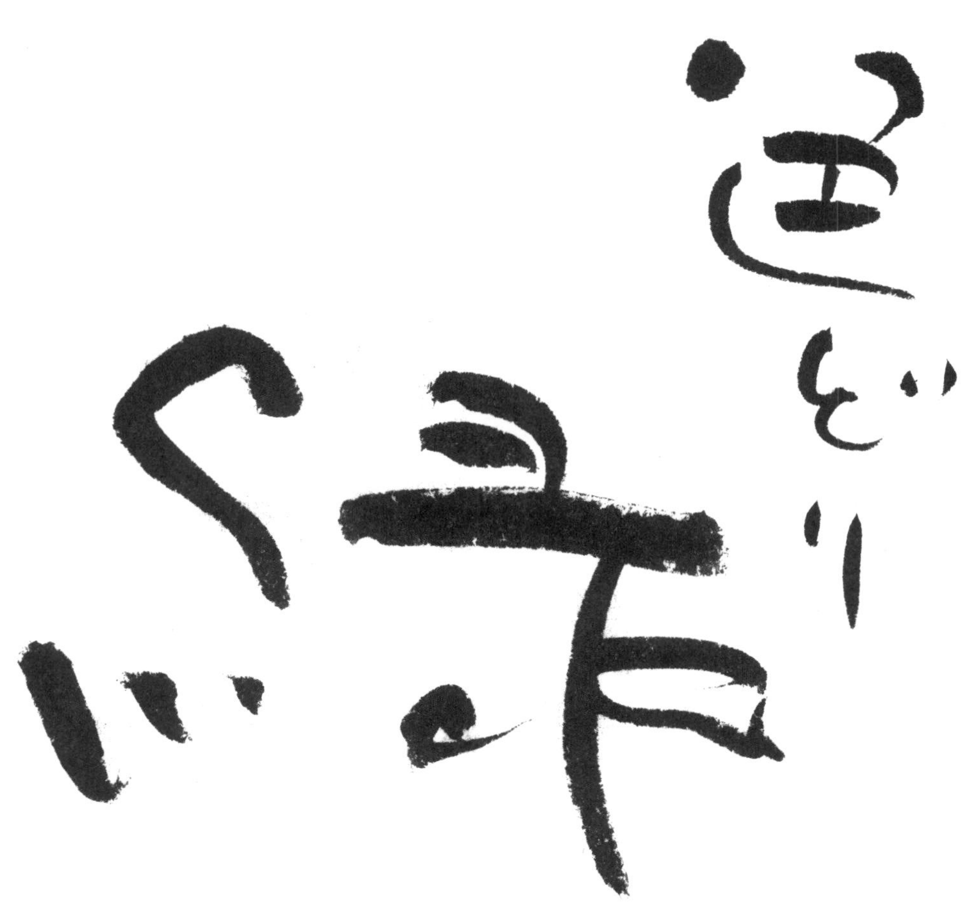
道どり

がんばれ！
自分。

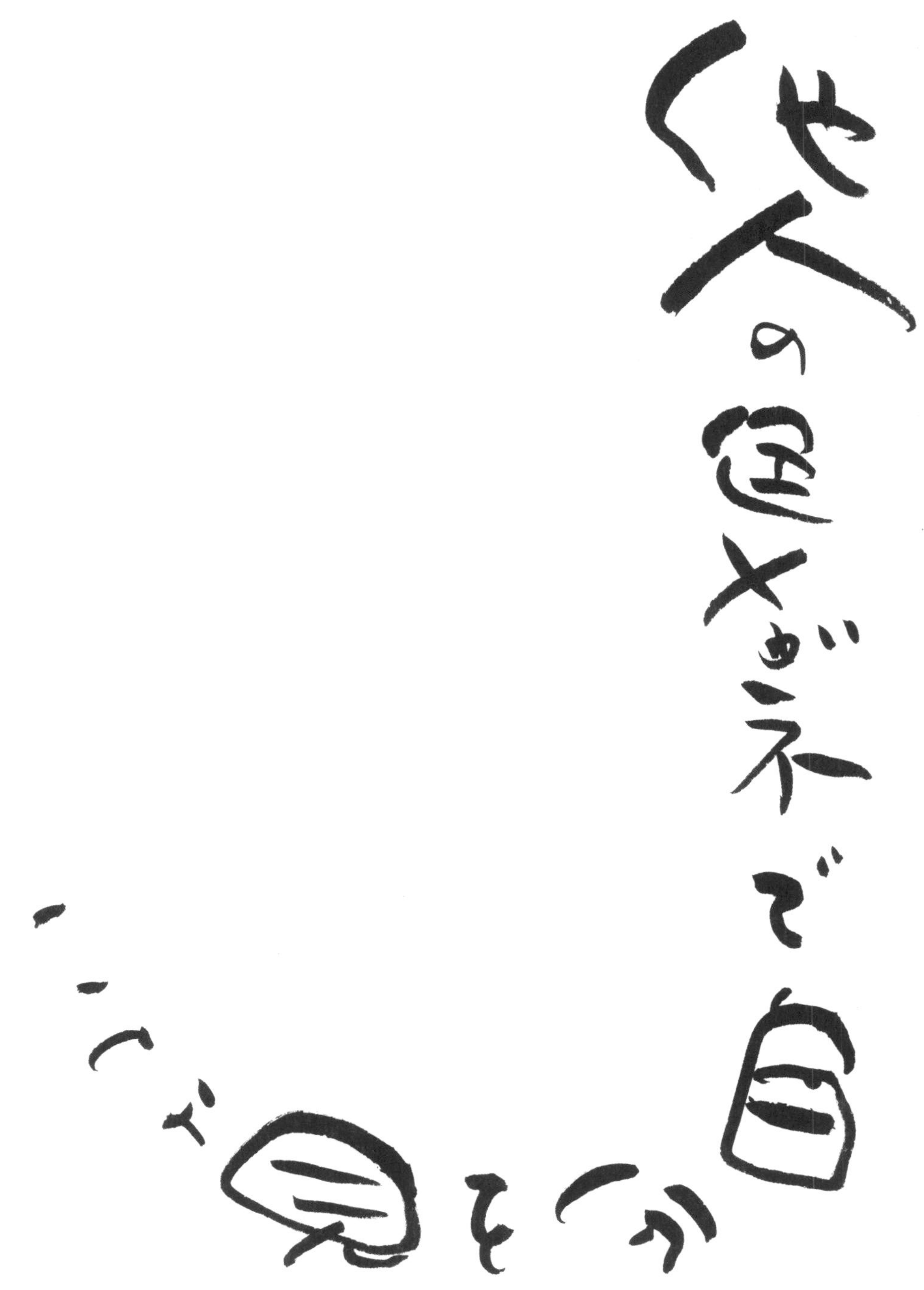
父の運ゲーで自分を

散り際の良い春サクラ、
腐りながら咲く夏カンナ、
自虐的な寒椿、

アスファルトに
たんぽぽ

生まれ代わり豆腐

朝一番の掬い豆腐が食べたくて、
どれだけ朝一番に近くのお豆腐屋さんに走ったことだろう。
「これが食べられるから豆腐屋やめられないんですよ〜」
とお豆腐屋さんだって言っていた。
LAに住む様になって何が一番困るのかと言うと、
食べ物に付きまとうホームシックだった。
そんなことはとうに予測ついたので、事前に蕎麦打ち教室に通い、
餅つき機、七輪まで持ち込んでいた。
勿論お豆腐作りを学んだ。
家パーティの主役は掬い豆腐は定番と成った。だのにニガリが
輸入禁止物だと知って、
消え掛かった我が家の十八番……
「無い！　出来無い！」は我が家の御法度。もしも何々が無い
などと言ったひにゃ
「ちゃんと探したの？　世界中探したの？」が母の口癖。
「やってもみないで、出来無い！なんて思う生き物は人間だけ
だろうな〜」と父はいつも我々の所為で
人類は没滅すると唱えた。

「壁にぶちあたったら、血だらけになってまでまだ壁にぶちあたっていく爬虫類はいない」と私。

ある日、お豆腐を冷凍庫に入れてしまって高野豆腐ができたのが切っ掛けだ。
ただごま油で揚げるだけで熱々揚げたて厚揚げ、お揚げに、当たり前になることに気づいた。
そりゃそうだった。
どしても食べたいのだと念じて冒険、実験の日々。
とうとう作れました。
豆腐をまずはブレンダーでとろとろに、それを鍋で焦げない様に温めて、型に入れ冷蔵庫で固める。
バカな話だがそれだけのことで作れます。
壊してまた新しく生まれた豆腐reborn.
人生を感じる一品です。

いたずら書き

50の誕生日にジャズライブなんてやったんだが、そのチラシがなんかそれ風で恥ずかしく（笑）、リハーサル中に机の上にあったマジックで桃井の顔にいたずら書きしてたら、止めどなく色々出来ちゃって、止まらなくなって、それを物販のスタッフがＴシャツにしてた。こうなったら全部違うＴシャツ作ろうぜ！と、ライブより本気で作ってた（笑）。結局いつも誰にも頼まれてないのに、なんか余計なことしてる。でもそれもやる気の尾鰭だから、それが（桃井）の力瘤だからと、ワラシはワラシに日夜言い聞かせている。いや〜多分、仕事の仕方間違ってる。でもこんな風になってしまった桃井、始めた桃井このまま終わらせるしか無い。でしょ？

DO YOU KNOW
KAORI MOMOI'S
COMING SOON?

DO YOU KNOW
KAORI MOMOI'S
COMING SOON?

ただ いきる
なにがなくとも あいがある
かめばかむほど あまくなるこいの ちゅーいんがむ。
joker

心の石ころ、ダイヤモンド

ダイヤモンドはいつの日か、結婚する時、きっと誰かが下さるものと、、
せめて初めてのダイヤを買わせてあげねば、と思って一つも持っておりませんでした。
カメリア・ダイヤモンドのコマーシャルさせていただいたご縁で、
もうそんなチャンスもなさそうなので、この際一つ買い求めたいと会社の方と
色々デザインの話をしている間に、
でもダイヤモンドとなるとなかなかお茶目なデザインはなく。

「もうダイヤモンドは男からじゃなくて、自分で、自分のご褒美、に買うのがいいと思うんですよ。
バキバキに仕事できる先輩が蠅のダイヤモンドブローチ着けてたら、めちゃウケる！
仕事達成、年ごとに、その蠅が先輩の襟元で増えていくなんて！　なんてどうだろう！！　笑える～」

蠅は～面白いですが……どうなんでしょう？　蠅というのは如何な物かと……

蝿ブローチはサンプルで終わってしまいましたが、、あれよコレよと話しているうちに
[kaori momoi in maki] なるレーベルで
いっその事、桃井さんの欲しいダイヤモンドアクセサリーのデザインしてみるのは如何でしょう?
と思わぬ話になりました。

ダイヤ(夢)に手を伸ばしてジャンプするカエル。
泣いてるのか、冷や汗かな?
と話しかけたくなるお尻にダイヤドロップをつけて揺れてる蜥蜴ブローチ。
ダイヤの蚊取り線香(帯留にもなる)。
豚のエンゲージリングホールダーのネックレス。
老眼鏡ルーペクロスネックレス。

もうあんなダイヤモンドはどこでも作らせてはくれないだろう。
偉大な会社でありました。
あの頃の口癖、「子供はいないがダイヤは有る」
今も桃井の心の石ころダイヤモンドでございます。

豚にダイヤ

あれだけ欲しかったダイヤのエンゲージリング！が、結婚したら一番邪魔なアクセサリーだなんて！　誰が想像できたろう。だから作ってみました。豚のペンダントに通して豚の首輪にして日常使いに！ご近所さんにさぁ〜笑ってもらってください。

金鳥蚊取り線香

蚊取り線香に、蛍光塗料の緑や赤で点々をつけて、点の間隔が徐々に短くなってなんだか考えているように見える蚊取りとか？　ぐるぐる🌀目が回る蚊取り線香とか？（散髪屋の前にあったねじりスタンドのようなことですが）茶色でペッ！ペッ！ってカビみたいな毒キノコバージョンだとか作ろうとしたことがある。夜目にも可愛く、蹴飛ばす心配もない。夜の野っ原であっちこっちに蛍光カラーの渦巻きがぐるぐるしているなんて想像しただけでもワクワクした。何故製品化されなかったかはもう覚えていないが、、あれは大発明だったと思う。

蜥蜴ブローチ

泣いてるのか、冷や汗かな？と話しかけたくなるお尻に
ダイヤドロップをつけて揺れてる蜥蜴ブローチ。

三池崇史ドレス&『月光のつゝしみ』の顔合わせ

よく番宣とやらで出された『はなまるマーケット』という番組の中にチェキで何かしら撮ってきて!というコーナーがあった。ただ写メすりゃいいだけなのだが、何かしらしたくなって、ポラに絵を描いたり、番組の頼まれないポスターを作ったり、『月光のつゝしみ』なる芝居の時は、出演者全員の顔をコラージュして一つの顔にしたりした。「いや〜ここまでやって頂くつもりじゃなかったのに、感動です!」とTV局のスタッフは言ったが「何でこのクソ忙しい時にやるかね?」なる我がスタッフの声もあった。「どうせやるなら〜」も有るが、なんだかイメージが湧いてやらざるをえなくなるというのが本当だ。最後の『三池崇史ドレス』はチェキで三池監督を映画の一コマ一コマのように何十枚も撮り、三池を着るという物だが、『IZO』という映画の編集中でこのクソ忙しいときに撮らせてくれた三池監督がすごい!「これでまた大賞間違いなしですね!!」我がスタッフが言ったとおり大賞だった。でも「毎年、桃井さん作品が大賞なんで、コレでもう殿堂入りということで」と番組スタッフからの一言があって、あのクリエートは終わった。なんだか桃井らしい、何でも、いつも、こんなオチだった様な気がする。

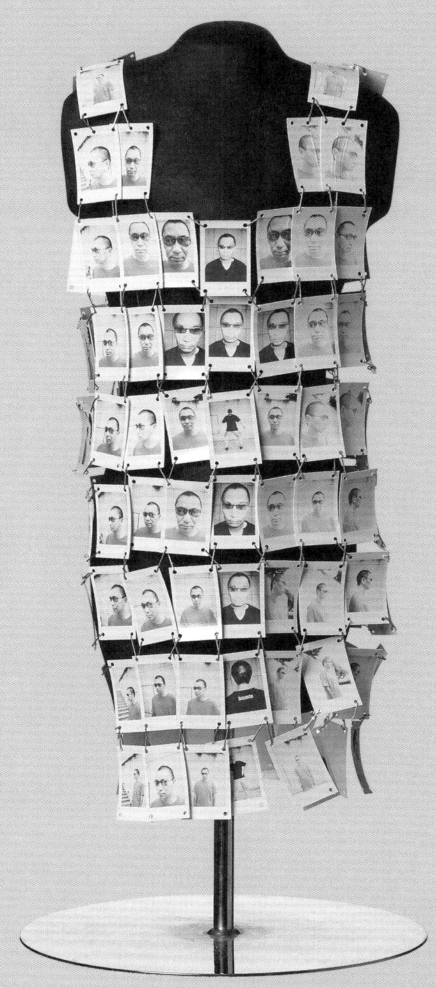

最期の恐竜

ショーケンが死んだ、そして樹木希林さんまでもが亡くなった頃。スタジオの廊下ですれ違った緒形拳さんのマネジャーで、我が戦友である女史が大きな声で声をかけてくれた。「もう、生きてる恐竜かおりさんだけじゃん！」お気に入り。

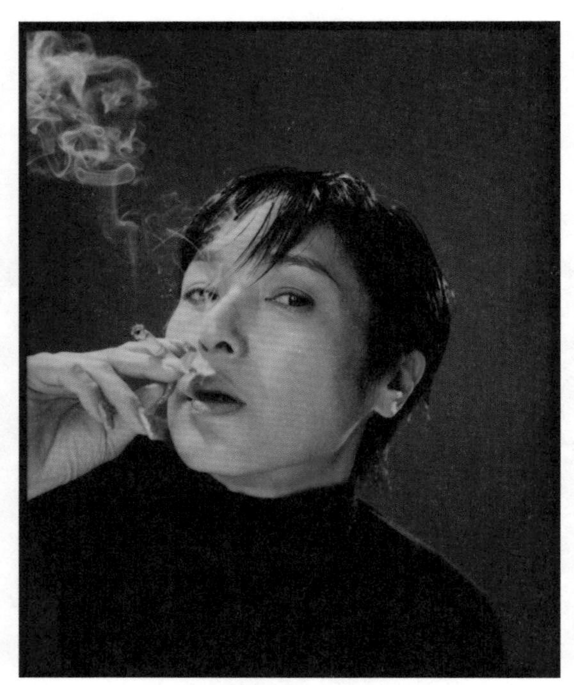

女優って私服がないの。
全部衣装になっちゃうから。
裸しか私服じゃない。
お風呂に入る前と
服着る前しか私服がない

Zippo Designed by Kaori Momoi

スモーカーですし、年代的にも絶大なるZippo世代です。いやいやもう吸わなくても、焚き火もバーベキューも、避難袋にもZippoです。やっぱりZippo提供のラジオDJをやってた縁で、「女の子仕様のZippo欲しいですね」から案の定 Zippo Designed by Kaori Momoiは見事販売に至りました。まずは着せ替えができるZippo!を思いついたが、金具を回避した隙間が気になり断念(だが今の携帯ケースを考えれば絶対可能であった、まあ過去は水に流して)。正当に〈チェック柄〉を提案。これが困難でした、チェック柄というのに著作権が有るとは、、(確かにスコットランドのタータンチェックは何々家のチェックだとか聞いた様な気がしたが)という訳でテキスタイルデザインから始めねばならなくなり。やっと出来た!とお渡しすると、どっかに似たチェック柄登録があったり。そりゃそう、代々世界が愛して止まないチェック柄です。チェック柄のスカートを一度もはいたことがない女の子がいない様に、止めどないチェック柄がもう既に存在していた訳で。その調査とこの黄色と赤チェックを生み出すのに結局1年。だからその調査にかかっている間にと、軽々出来たのが〈500円玉お供 Zippo〉。お散歩に出て一服!ついでに缶ジュースも一杯頂きたいが?の時、どうぞZippoにネジでホールドされたこの500円玉お使いください。どれだけこの500円玉という高額日本コインが有難いか? ちょっとした工作気分もZippoらしい〜なんてコンセプトです。ただもうどれも売ってはいないそうで、どなたかがまだ持って温めていてくれることを祈るのみですが、俳優の仕事の様に人の記憶に微かに残るのみ、それも時間の問題となると、改めて我が仕事の儚さを感ぜずには居れません。

zippo
Designed by Kaori Momoi

本間さんは。
増司　風でも
山眠で
　　風にこゝ
　　　吹いても
　　　　　が

Yohji Yamamoto

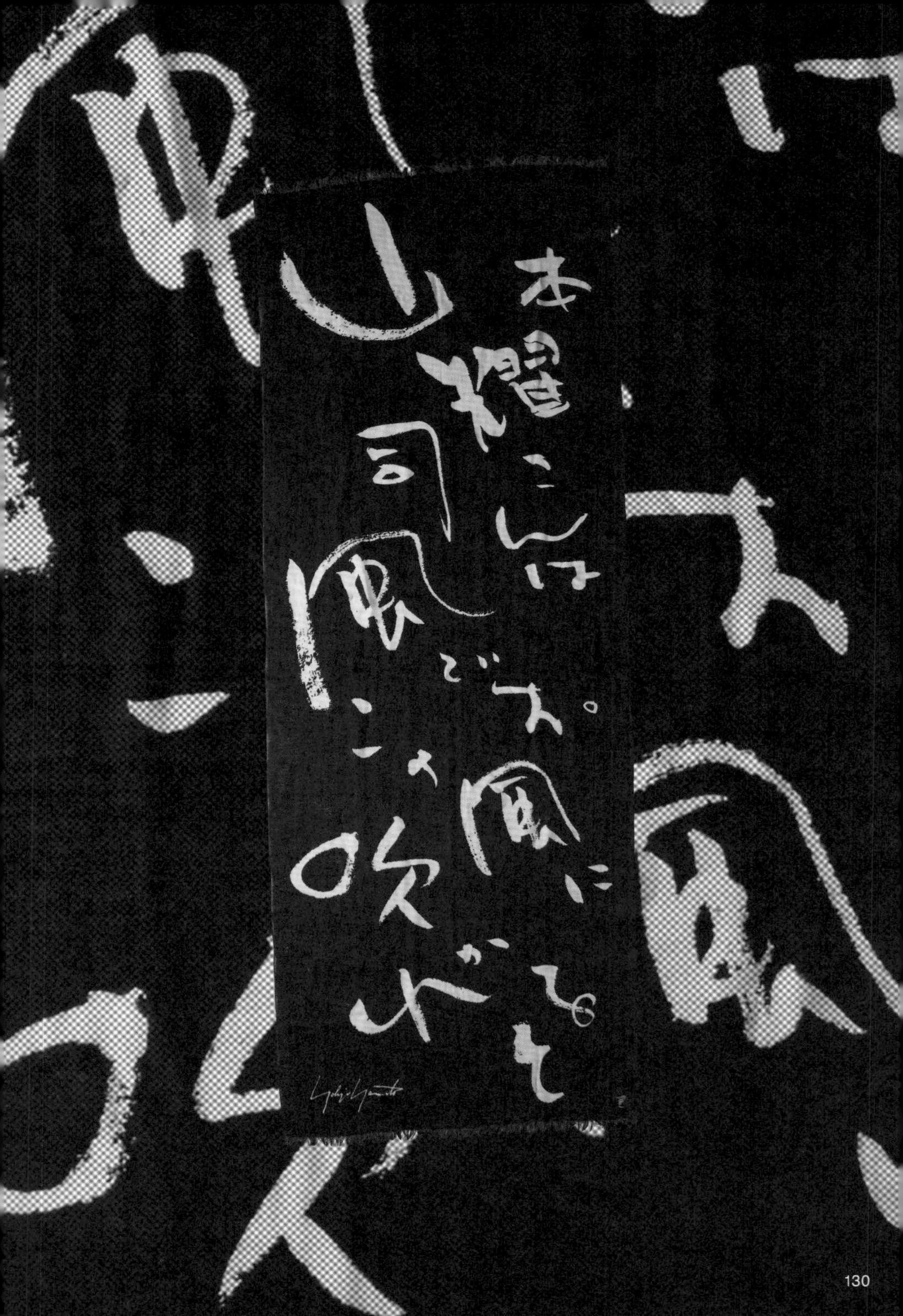

ヨウジヤマモト

デザイナー山本耀司氏からお誘いを受けて「耀司さんは風です!」まるでラブレターの様な手紙を書きました。目の前に誰がいようと、目の前の景色を透明にして、遠く草原の彼方を眺めている眼差し。誰といても何があっても風の様な佇まいで寄り添い、存在している。そして作ってくだすったのがこのストールでした。Londonの耀司さんのショップのショウウィンドウでディスプレイされているのをみて、すぐに買いしめ(笑)、でもその日に偶然お目にかかった妊娠中のジャネット・ジャクソンさんに褒められて、それはめでたく彼女のところに嫁入りしました。生まれた赤ちゃんは一番に私の字に包まれたかもしれない。風の噂。す。

着物

『家庭画報特選 きものサロン』できもの対談ページを持っていた桃井が、対談終了記念として、ベトナムに渡り、ベトナムの刺繡を着物にしてもらって作った着物の数々。蓮の花のシルクの着物、おデブちゃんが寝そべってる帯、遠目には八の字に見えるが近くでみるとハイヒールの着物と、帯。「こんな着物とか帯とかって、作りたくても作れないでしょ？　本気で作る奴もいない（笑）だから作る価値はある。だけど問題はいつ着るんだ？　ってとこですが（笑）」

今日も美味しいもの
食べるだけで目一杯。

まだ生きてるだけで
十分立派なのだと
褒めてもらえるまで
あと何年。

かおり的家ご飯

コロナ禍で、全てのレストランが閉まってしまったLAで、4年間、毎日2食、桃井はただひたすら家ご飯をインスタに載せ続けた。「日本食は勿論、中華料理、パブ料理。日本食の時は憧れ割烹の板さんに成り切って、中華は香港のちっちゃいお店のオーナーシェフ・マダムヤンに、役者で良かったその気になって楽しめる。ステーキ&キドニィーパイはLondonのパブ育ちの旦那が唸って食べたがったから作ってみたら出来た。驚いた作ってみると結構出来ちゃう。味覚って身体が覚えてるんだわ〜い」料理もさる事ながら、器使いでも話題になっている。「桃井みたいに半分引退してるみたいなのが、何でインスタやらなきゃなんないのか良く分からなくて、だったんだが、コロナのお陰で家ご飯載せるしかなくて、、でもそれで、コンヤハ家モ、カレーニシマス!とか世界の主婦と繋がって、お互いを支え合ってコロナ禍を乗り切ったからね。有り難かった」。そんな日々の『かおり的家ご飯』を一冊にしたのがこの本です。

かおり的
家ご飯
MOMOI
by
KAORI
桃井かおり
KADOKAWA

時刊桃井かおり

桃井編集長による雑誌『時刊桃井かおり』は毎月Gakkenが無謀にも桃井に任せてくれた月刊誌だったのだが、直ぐに桃井は毎月は無理だと悟り、時々気分で、突貫工事で作り上げるという事で時刊（トッカン）となっている。全面桃井しか登場しない、別れた男との対談などなど画期的で隠れファンも多かったが、たった2刊をもって突然休刊、そのままになっている。桃井曰く「担当者が学研辞めて、タイに行ったから」だそうだが、2刊の後書きに編集部が桃井の横暴に耐えきれず破綻していく様子が細やかに掲載されており、、その記事を書いているのも桃井自身で有るというから、まあ笑うしか無いのか？

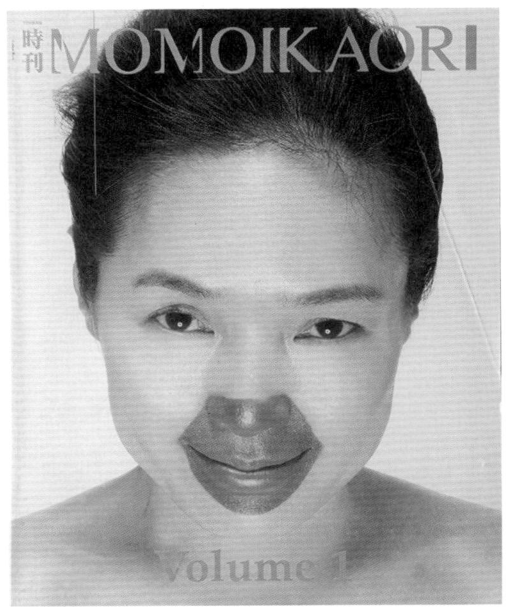
時刊
MOMOIKAORI
Volume 1

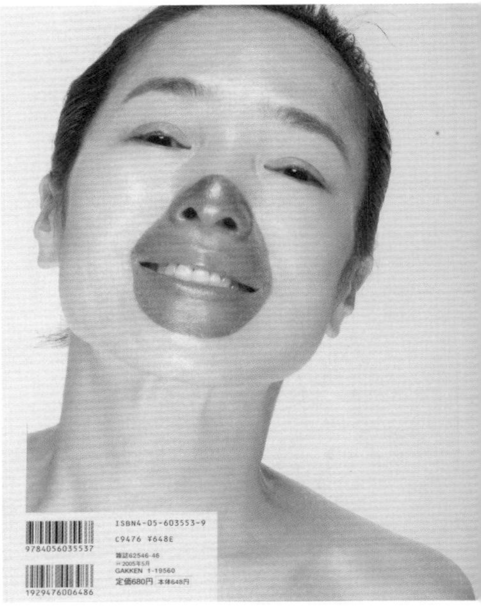
9784056035537
1929476006486
ISBN4-05-603553-9
C9476 ¥648E
雑誌62546-46
2005年5月
GAKKEN 1-19560
定価680円 本体648円

Directed and Screenplay by Kaori MOMOI

Starring Hairako YAMADA Kaori MOMOI Saburo ISHIKURA
Katsumi TAKAHASHI Ryo IWAMATSU Ken MITSUISHI Makiko WATANABE HIROYUKI
Zenzi KIKUNO Yoichi KAWAHARA Tomomatsu KUWATA Naoko UEDA
Tetsu KUSAKABE Kiyohide KUBO Kazumasa HARA
Takeo KIMURA Shinji KUGIMIYA Yuki NAKAMURA
Sachiko ITO Norifumi ATAKA Yoshiteru TAKAHASHI Tsuyoshi KAZUNO
Kaz UTSUNOMIYA Gilad BENAMRAM "How Your Trees Will Grow"
Mitsunori HATTORI Tomoyo OSHIMA Ayako UCHIDA
Mamoru ASHIDA Toru SASAKI
AGORA Co., Ltd. Parallel Tokyo / Parallel Seoul
House Foods Corp. City Living

www.129-movie.com

無花果の顔

A KAORI MOMOI FILM

FACES OF A FIG TREE

映画　無花果の顔

人は何故、今の、この幸せを、今、ここで、実感できないのだろう。1人で Xmas tree を飾りながら何度後悔しただろう、飾り上がったところでやり終えた喜びは一瞬で、疲れていることのほうが勝っている今。子供の頃から憧れた3メートルの Xmas tree だというのになんてこった、、そんな時は庭に出て居間の Xmas tree を見返すんだ！（あーこんなお家にいつか住んであんな大きな Xmas tree 飾りたいな～）とあの頃の自分になって思い切り羨ましがるんだ。今が過去になったり、第三者の目線で、今を眺めると今の幸せは見えてくる。今の幸せを、今、直で味わえる体を作る、そんな映画を作ろうと思った。

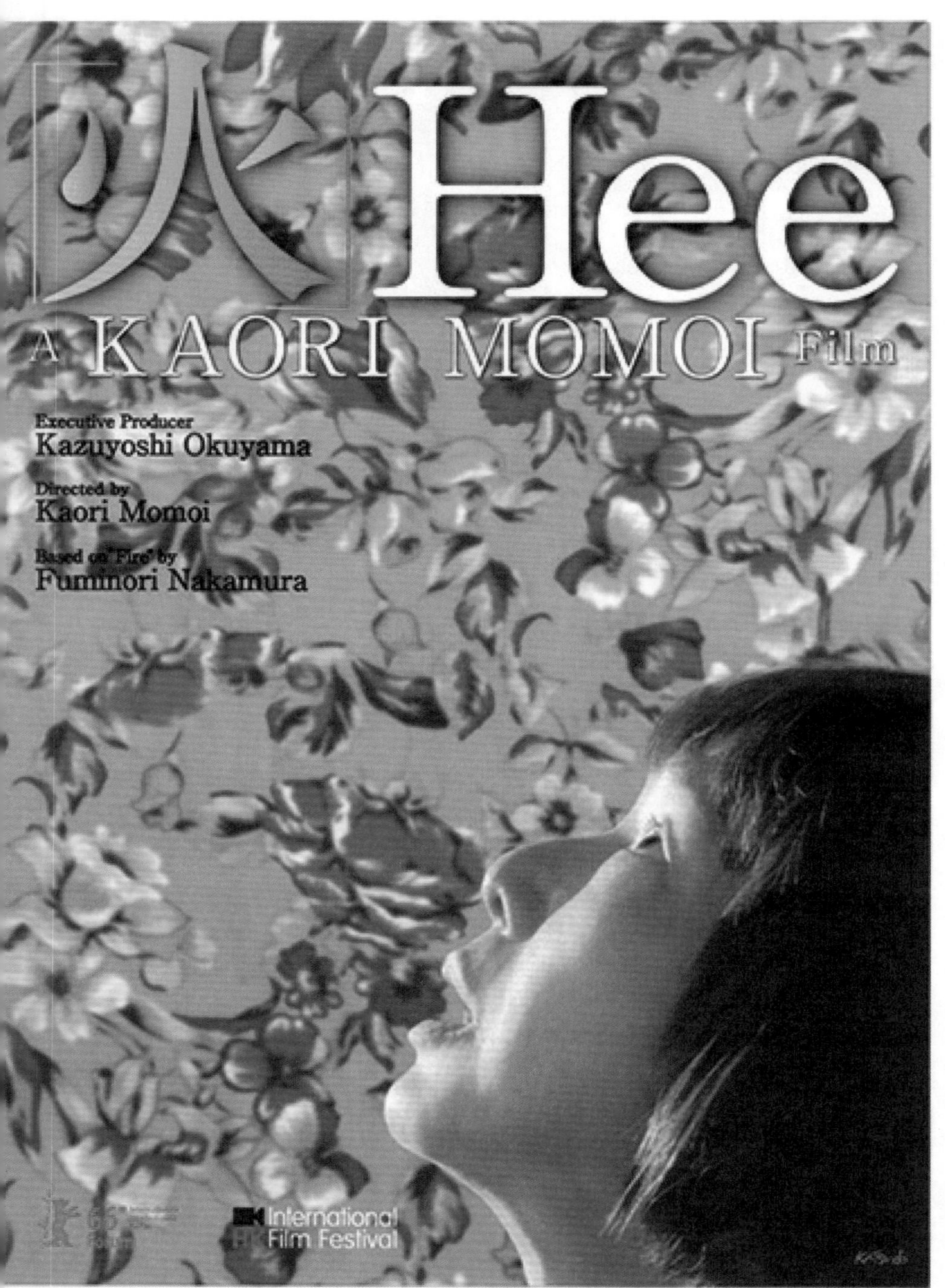
火 Hee
A KAORI MOMOI Film
Executive Producer
Kazuyoshi Okuyama
Directed by
Kaori Momoi
Based on "Fire" by
Fuminori Nakamura
International
Film Festival

映画　火 Hee

原作は女の一人称で語られる中村文則さんの短編でした。女が喋っているという事は聞いている人間がいるだろうと、聞いてる人間と喋る人間のマナーな映画です。見ているあなたが、私をどういう人間だと思ったかで、私って女はそういう人間だということになってしまう。私はこういう人間だとどうしてあなたの身体に当てて、歪んだ自分の姿を見なければならないんだろう。私って人間の価値があなたにかかっている。「貴方が見てるから私は見られてるんでしょ？ 見てる人間と見られてる人間は、同じ重さで向かい合わなければいけないはずなのに！」と主人公は叫びます。

子供は産まなかったけれど、
何か、コロコロ石ころみたいな卵は
幾つか産み落とした気がする。
あの卵を、
誰かが拾ってくれただろうか？
うまく温めてくれただろうか？

誰かのどこかで、生きていてくれるだろうか。

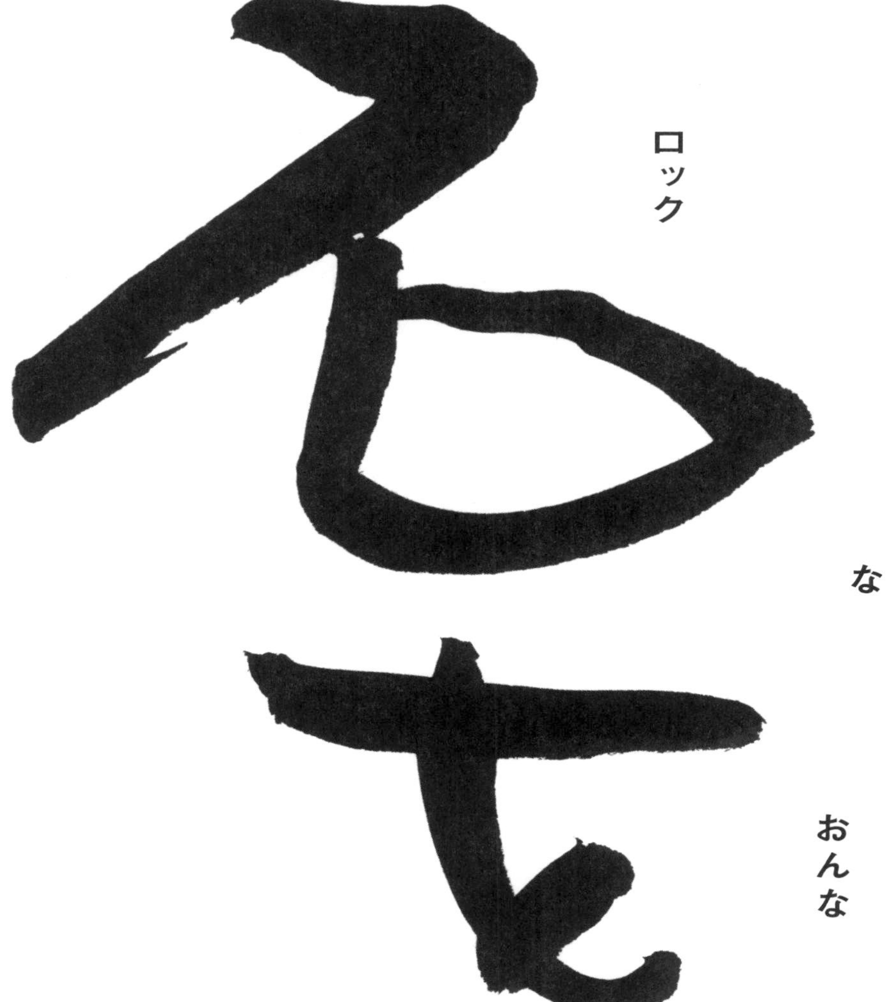
ロック
な
おんな

賀いみっぱい。

MOMOI 2023

【書】

【図録】

p108 Tシャツ/2000年頃

p110 落書きポートレイト/写真に油性マジック/2000年頃

p112 桃井かおり語録かるた・付録扇子（バンダイ）/2006年

p116〜121 ダイヤモンドデザイン［kaori momoi in maki］（じゅわいよ・くちゅーるマキ）/1990年頃

p123 三池崇史ドレス/トルソーにチェキ/モデル 三池崇史/2002年頃

p125 恐竜バッグ/革バッグにリメイク/2010年頃

p129 Zippo Designed by Kaori Momoi/ラジオ番組「Zippo Story」のパーソナリティを務めていた桃井かおりがデザインしたZippoのライター/1996年

p130 ヨウジヤマモトコラボレーション（discord Yohji Yamamoto）/2016年

p132、p133『きものサロン』/2003年春号（世界文化社）/撮影 齋藤幹朗

p137『かおり的家ご飯』（KADOKAWA）/2021年

p138、p139『時刊 桃井かおり 1』『時刊 桃井かおり 2』（学研プラス）/2004年

p140『無花果の顔』/2006年
桃井かおり初監督作品。
第57回ベルリン国際映画祭にて最優秀アジア映画賞、
第5回ウラジオストク国際映画祭にて最優秀監督賞・
最優秀女優賞など受賞多数。

p142『火 Hee』/2016年
桃井かおり監督作品第2弾。
第13回ロサンゼルス日本映画祭にてベストディレクター賞受賞。

あとがき

日記から始まって、LAに住み始めるまでは忙しくても何だかんだと
文章を書いていた気がする。もう何も書いていない。書く必要もなく。書き置きたい言葉もなく、そもそも何か書き置けるほどの人間でも無いと、とうに気付いてしまった。
それもこれも！だが、、
多分原因は、手書きじゃ無くなった所為だ。

締切りにせっつかれ、無理矢理絞り出す言葉〝あ〜ワラシはこんなことを考えているのか？〟と、自問自答してやっと気づく自分の正気、あの暗澹たる日々に必要なことだった。
ただ感情で書いて、構成（活字）で初めて冷静に読み手を気遣う、
文章にはそういったお行儀があった。
初めから活字で始まるメールでは、どんどん短く要件だけを伝え、今や言葉は凶器だ。
感情のない活字しかないのなら、もう私たちは音楽に乗せて歌うしかないのかもしれない。

言葉には、まだ人を傷つけない心遣いが残っているだろうか？
役者だから、喋り言葉が好きだ。
台詞は、喋り言葉であるのにまず台本という活字で頂く。文字なのに、台詞には人の発する考慮ない言葉と違って、温度、肌触り、匂いまでがあって、役割があって、無駄な言葉は無い。

文字から想像する景色と、言葉を体感する中で、役者は生きて居られる
素晴らしい話し言葉の魔法使いになれる。
何度か自分を嫌いながらも、こうして生きてこれたのはこれら言葉のお陰だった。
存在するのが辛くなる度、インタビューに答えながら答えを見つけた。
「面が割れてるというのは全国指名手配みたいな不自由さなんだけど（笑）
もう見てる人間にとっての見られる側の顔なんて、慣れ親しんだソファー、
カーテンと同じ、柄だからね」
そうなんだ、、いろんな言葉を口走りながらいい歳になった。

どうにか着物が着れる様になった、、やっと着慣れて来たその先に、
着崩すなんて世界がある。生きて、生き慣れて、生き崩すなんてことまでいってみたい。

「以前作った、カルタなら声で読むからいいけど、、、」などなどいっぱい言い訳したのに、
こうして一冊になってしまった。

どうせもうすぐ、手に取って、お喋りできるこんな書籍ってもんだって
無くなって仕舞う時代がやって来るだろう。
もう私達俳優の存在も無くなり、データー登録なんて時代も来るとか？
その内、潔く私だって、この時代の人間らしく色んなこと言いながら去って行く。
そんなこと言いながら、後どれくらい生き崩して生きていけるものか。
長生きしてたらごめんなさい。

手取り足取り、今、この本を手にとってくださったあなた！に！只々感謝！！

Staff Credit

Creative Direction & Styling
飯嶋久美子 Kumiko Iijima (POTESALA)

Art Direction & Design
内藤 彩 Aya Naito

編集協力
木津由美子 Yumiko Kizu

撮影(人物)
長友善行 Yoshiyuki Nagatomo

撮影(静物)
多田誠一郎 Seiichiro Tada(多田写真事務所)

ヘアメイク
稲垣亮弐 Ryoji Inagaki (maroonbrand)

校正
麦秋アートセンター

レタッチ
関口五郎 Goro Sekiguchi (Office route56)

SPECIAL THANKS
ART
桃井悦子 Etsuko Momoi (ATELIER ETSU)

Costume Credit

カバー
ハット
Dog / 問い合わせ先 : Dog (03-3746-8110)

P124、P125
スパンコールのヘッドピース
YUEQI QI / 問い合わせ先 : MATT. (info@the-matt.com)

P147
ゴールドのトップス、スカート
FUMIKA_UCHIDA / 問い合わせ先 : CLIFF co.ltd. (03-5844-6152)
ブラウス
MIKAGE SHIN / 問い合わせ先 : info@mikageshin.com
シューズ
スタイリスト私物

見返し
ジャケット、ドレス、スカート、シューズ
LIMI feu / 問い合わせ先 : リミ フゥ (03-5463-1500)

裏表紙
カットソー
MARINE SERRE / 問い合わせ先 : MATT. (info@the-matt.com)
ハット
Dog / 問い合わせ先 : Dog (03-3746-8110)

桃井かおり　KAORI MOMOI

1951年、東京生まれ。
12歳から英国にバレエ留学。高校卒業後、文学座附属演劇研究所に所属。1971年に「あらかじめ失われた恋人たちよ」で映画デビュー。「もう頬づえはつかない」(1979年)などで活躍し、高い評価を得る。ロブ・マーシャル監督の「SAYURI」(2005年)でハリウッドデビューを果たして以降海外作品にも出演。2006年、自身の短編小説を映画化した「無花果の顔」で長編監督デビュー。2作目の「火 Hee」(2016年)と共にベルリン国際映画祭他、数々の国際映画祭に入選し監督としても12の賞を受賞している。来年待望の3作目が控えている。歌手、プロデューサー、ラトビアのリガ市名誉文化大使、女子美術大学客員教授、コンパニヨン・デュ・ボージョレー騎士、デザイナー、エッセイストなど多くの顔をもつ。2008年紫綬褒章、2022年旭日小綬章受章。2023年第六回種田山頭火賞受賞。

桃井的ことば(ももいてき)

2023年11月2日　初版発行

著者　桃井(ももい)　かおり

発行者　山下直久

発行　株式会社KADOKAWA
〒102-8177　東京都千代田区富士見2-13-3
電話 0570-002-301（ナビダイヤル）

印刷所　図書印刷株式会社
製本所　図書印刷株式会社

●お問い合わせ
https://www.kadokawa.co.jp/（「お問い合わせ」へお進みください）
※内容によっては、お答えできない場合があります。
※サポートは日本国内のみとさせていただきます。
※Japanese text only

定価はカバーに表示してあります。

ISBN 978-4-04-897606-0　C0095

「おい、右足がきれてるぞ」

「ねぇ、顔がきれてる」